쉬운법 편한생활

정극원 · 김갑석

法　文　社

머 리 말

사람들은 흔히 "법은 어렵다"라거나 "법은 재미없다"라고 말한다. 법의 문장과 법에 대한 설명이 그러한 경우가 많다. 이 책은 법에 대한 그러한 편견을 깨기 위하여 가능하면 쉽게 설명하고 실생활에서 자주 일어나는 문제에 대하여 재미있게 이해할 수 있도록 하는 데에 주안점을 두고 쓰여졌다.

우리는 대한민국의 국민으로서 이 세상에 태어나 부모님으로부터의 가정교육, 나아가 학교교육과 사회교육을 받고 하나의 인격체로 성장하여 서로 사랑하는 이성(異性)을 만나 혼인(婚姻)을 하고 자녀를 낳고 가족을 구성하여 서로 의지하며 살아가고 있다. 이렇듯 하나의 가족이라는 작은 인간의 집단이 모여 큰 사회집단과 국가를 형성하여 톱니바퀴가 서로 맞물려 돌아가듯이 살아가고 있다. 우리 인간은 짐승들과는 달리 이성적이고 이기적인 동물로서 집단생활을 함에 있어서 서로 양보하고 손해를 감수하면서 살아갈 수도 있지만 때로는 이해관계의 문제에 부닥칠 수도 있다. 인간으로서 살아가면서 겪게 되는 수많은 이해와 갈등을 말로서 다 해결할 수 있다면 가장 좋은 사회이다. 가족관계에서의 문제는 말로써 해결할 수 있는 것이 많지만 더불어 살아가는 공동체서 야기되는 수많은 이해와 갈등은 말로써 해결할 수 없는 것이 더 많다. 이 경우에 문제는 법으로 해결하지 않을 수 없게 된다. 그래서 "사회가 있는 곳에 법이 있다"라고 말하는 것이다. 우리는 법이 없는 사회에서 살아갈 수 없을 것이다. 법이 없는 사회는 "약육강식" 또는 "만인에 대한 만인의 투쟁 상태"가 되어 혼란과 파괴가

자행되는 사회가 된다.

오늘날 현대 사회는 정치적으로는 민주주의, 경제적으로는 자본주의, 사회적으로는 복지사회를 지향하는 시대에 살아가고 있다. 또한 교통, 통신, 정보 등 기술과학문명의 발달로 시민 상호 간의 생활관계가 점차 복잡다양하기 때문에 분쟁이 많이 발생하고 있다. 공동체생활에서의 상반된 이해관계로 인한 충돌을 사전에 방지하고 싸움이 일어났을 때에 그 분쟁을 공평하게 해결할 수 있는 수단으로서 "법"이 반드시 필요하다. 그럼에도 법은 어려운 것으로 인식되고 있어 가능한 법을 멀리하려고 한다. 이 책은 사회인이라면 반드시 알아야 하는 법에 대한 중요한 기초지식을 습득하게 하고 사회생활을 하는 데 있어서 자주 직면하게 되는 법적인 문제를 해결하는 데 있어서 꼭 필요한 것들을 배우게 하고 실생활에서 법 때문에 손해와 피해를 보는 일이 없도록 하는 것을 목적으로 하였다. 이러한 면에서 책의 이름도 "쉬운 법 편한 생활"로 하였다.

따라서 이 책은 다음과 같은 몇 가지 사항에 주의를 기울여 기술하였다.

첫째, 어려운 이론이나 판례는 지양하고 일상생활과 가장 밀접한 사례를 들어, 기초적인 법률지식이 없는 비법학도라 하더라도 쉽게 법을 접하여 이해하고 적용할 수 있도록 하였다.

둘째, 대학에서의 교양과목으로써 한 학기 동안에 알차고 효율적인 학습효과를 얻을 수 있도록 기초적이고 사회생활에 직접 적용되는 헌법, 형법, 민법 및 상법과 노동법의 중요하고 자주 발생하는 사례문제를 수록하였다.

셋째, 이 책은 단순히 대학교 교양강의교재로서의 가치뿐만 아니라 법적 사고를 길러 여러 영역의 법학과목에 대한 접근을 쉽게 하는 데에도 도움이 되도록 하였다.

이 책은 가능한 한 쉽고 재미있게 서술하려는 목적에서 아직 다루지 못한 미비한 점이 많다. 부족한 내용은 앞으로 수정하고 보완하여 독자 여러분들에게 쉽게 이해되고 이를 통하여 실제 생활에서 좋은 길잡이가 될 수 있도록 계속하여 노력을 다하려고 한다. 이 책을 읽게 되는 독자 여러분들의 건강과 앞날의 성공을 기원하는 바이다. 아울러 이 책의 출간을 기꺼이 맡아 준 법학도서 전문 출판사인 법문사의 관계자분들께도 큰 감사를 드리는 바이다.

2016년 3월
문천지를 바라보며
저자 씀

차 례

[법의 기초]

[생활법률]

[부록]

법의 기초

제 1 장

법의 개념

::: 사 례 ::::::

흔히 "사회가 있는 곳에 법이 있다."라고 말하거나 또는 이웃과 분쟁에 있어 "법대로 해라"라고 말할 때의 법이란 무엇인가?

Ⅰ. 사회가 있는 곳에 법이 있다.

만약 더불어 사는 인간사회에 법이 없다고 가정을 한다면, 동물사회와 다름없게 될 것이다. 자신의 능력에 따라 사회가 필요로 좋은 직장을 가지거나 자신의 노력에 따라 재산을 축적하여 부자가 되는 것이 아니라, 동물들의 집단처럼 오로지 힘이 센 사람이 폭력적으로 세상을 지배하게 되는 것이다. 그러나 법이 존재함으로서 부부나 가족관계가 보호를 받고, 자신이 원하는 학교에도 다닐 수 있고, 나아가 직장을 구하거나 자영업을 하여 생활에 소요되는 소득을 얻을 수 있으며, 마음에 맞는 사람들과 모임을 결성할 수 있다.

인간의 우월성은 여러 사람이 더불어 사는 사회성에 있다. 인간은 가족・지역・학교・직장・사회모임 속에서 살아가며, 이러한 공동생활에서 서로 다른 이해관계를 가지거나 서로 다른 이익을 추구하게 된다. 법은 이 경우에 어떠한 행위가 정당한 것인지의 기준을 정한다. 예를 들어 친구에게 돈을 100만원 빌려준 사람을 그 돈을 되돌려 받을 수 있도록 법으로부터 보호받지만, 어떤 사람에게 폭행을 가하여 상처를 입힌 사람은 처벌을 받도록 법이 정하고 있다. 이처럼 법은 인간사회를 평화적으로 유지하게 하고 안정적으로 존속하게 하는 것이다. 그러므로 사회가 있는 곳에 반드시 법이 필요하게 된다.

Ⅱ. 법은 객관적 도덕이다.

인간은 혼자 고립되어 살아갈 수 없으며, 사람과 사람 사이에서만 생존할 수 있는 존재이다. 인간을 "사회적 동물"이라고 한 아리스토텔레스(Aristoteles)나 "인간존재의 본질은 사람과 사람과의 결합에 있다."라고 한 기르케(Gierke)의 말들은 모든 인간은 혼자서 고립되어 살 수 없고 공동체를 구성하여 더불어 살아가게 된다는 의미이다. 공동체생활은 반드시 질서관계를 형성하는데, 친척과 부부 및 부모자식 등의 가족관계, 태어난 곳과 사회생활을 하는 지역사회의 관계, 어느 정당을 지지하거나 어떤 사람을 정치인으로 선출하거나 하는 정치관계, 어떤 직업에 종사하는가하는 직장관계 등 다양한 사회관계가 모두 질서관계이다. 이러한 인간관계가 존재하는 곳에는 개인적인 판단으로서의 옳은 것과 잘못된 것 또는 선과 악이라는 주관적이고 상대적인 가치를 넘어 공동체의 존재로서의 인간관계를 객관적으로 규율하는 도리, 즉 사리라는 것이 있다. 이러한 객관적 도리 내지는 사리라는 표현은 영국에서는 '이성' 또는 '합리성'이라고 표현하며, 독일이나 프랑스 등에서는 '사물의 본성'이라 표현한다. 법은 이러한 객관적 가치를 기초로 한다. 그러나 인간관계에 있어서 객관적 도리 자체가 법은 아니다. 법이란 객관적 도리 내지는 사리가 전체 사회에서 정치적·법률적으로 자각되고, 그것이 성문법이나 관습법 또는 판례법, 조리 등으로 표현된 것이라 할 수 있다. 즉 이러한 객관적 도리가 법조문으로 만들어져서 강제적인 규범이 될 때 비로소 법이 되는 것이다. 예를 들어, 형법 제329조에 "타인의 재물을 절취한 자는 6년 이하의 징역 또는 1천만원 이하의 벌금에 처한다." 법조문을 만들어서 다른 사람의 물건을 훔치지 않아야 하는 객관적 도리를 지키게 하고 있는 것이다.

Ⅲ. 법은 강제를 그 특성으로 한다.

법은 사람들 사이의 분쟁을 해결할 수 있어야 한다. 이러한 힘이 강제력이다. 분쟁은 당사자간에 화해와 합의로 해결할 수도 있지만, 궁극적으로 강제력에 의하여 해결된다. 독일의 법학자인 예링은 '강제를 수반하지 않는 법은 마치 타지 않은 불과 같이 그 자체 모순을 가지는 것이다'라고 하였다. 이는 법이 강제를 본질적 특성으로 한다는 점을 단적으로 표현한 것이다. 사람들 사이의 분쟁을 해결하고 권리를 가진 자를 진정으로 보호하기 위하여서는 첫째,

분쟁을 객관적으로 해결할 수 있는 법적 기준이 있어야 하고(법의 필요성), 둘째, 그 법이 정한 기준을 적용하여 진정한 권리자가 누구인지를 가려줄 국가기관이 있어야 하며(법관의 필요성), 셋째, 진정한 권리자의 권리가 실현될 수 있도록 하는 강제력이 있는 권력이 있어야 한다(집행력의 필요성). 법의 강제란 강제의 권능을 가진 국가기관이 법을 침해하는 행위를 한 자에 대해서 일정한 정신적·물질적 강제작용을 가함으로써 침해된 법이 준수된 것과 같은 사실상태를 실현시키거나 법을 침해한 자에 대하여 일정한 고통을 가하는 것을 말한다.

강제의 방법은 형법상의 형벌과 기타의 방법이 있다. 형법은 사형, 징역, 금고, 벌금, 구류, 과료, 몰수 등 형벌을 규정하여 법의 준수를 강제하고 있다. 또 개인과 개인의 관계를 규정한 사법(私法)의 영역에서는 강제집행, 예컨대 돈을 빌리고 갚지 않은 경우에는 재판을 통하여 빌린 돈을 반환시키는 판결을 내리고 집행관이 채무자의 재산을 압류, 금전적인 방법으로 변제의무를 이행하거나 대체집행을 하기도 한다. 또는 음주교통사고를 낸 사람에게 양로원에 노력봉사를 명하는 사회봉사의무를 부과하여 법의 강제력을 지켜 나간다.

Ⅳ. 법은 행위규범이다.

법이 규율하는 대상은 사람의 행위이다. 행위란 사람의 의사에 기한 신체의 외부적 동작을 말한다. 자신이 표현하고자 의사가 아직 외부에 나타나지 아니한 때 이는 내부의사에 그치고 외부에 나타났을 때 비로소 행위가 된다. 법은 "나는 시험답안지를 안보여 주는 친구를 한방 때릴 것이다."라고 생각하는 마음속에 내심을 문제 삼는 것이 아니라, 정말 화가 나서 그 친구를 폭력을 행사하여 때리게 된 것처럼 외부로 나타난 행위를 문제 삼는 것이다. 즉, 법은 사회에서 일어난 모든 사실을 평가하여 가치 있는 것과 가치 없는 것으로 구별하고, 이를 표준으로 하여 행하여야 할 행위와 하지 말아야 할 행위를 결정하여 주는 것이다.

법은 이처럼 어떤 행위는 정당하여서 법으로 보호받고 또 어떤 행위는 정당하지 못하므로 처벌을 하는 하나의 행위기준이 된다. 이를 강제한다는 점에서 하나의 행위규범이다. 이와 같이 법은 행위자의 의사가 행위로서 외부에 표현되었을 때 비로소 이를 규율하는 것이다. 그러나 종교 및 도덕은 아직 외부에 표현되지 아니한 의사 그 자체도 규율한다는 점에서 법과 구별된다. 이러한 의미에서 도덕·종교계율이 내심규범 또는 의사규범이라고 불리어짐에 반하여, 법은 행위규범이라고 불리어진다.

법에 의한 행위규범이 있음으로 인간사회는 평화와 질서를 유지하게 된다. 이러한 질서를 유지하기 위하여서는 사람들이 반드시 어떤 규칙에 따라 행동을 하여야 한다. 이 규칙은 사람들의 이기적인 욕구를 충족시키기 위하여 하고 싶은 대로 행동하라는 것이 아니라 마음대로 하고 싶더라도 사회의 질서를 유지하기 위하여서는 [어떻게 하여야 한다]는 규율을 정하게 된다. 이와 같이 일정한 가치적 목적에 도달하기 위하여 따르지 않으면 안 되는 의사와 행위의 절차 내지는 규칙을 규범이라고 한다. 규범은 사회적인 공동목적을 달성하기 위하여[…해서는 안 된다](금지)라든가, […하지 않으면 안 된다](명령)라고 하는 것처럼 인간이 마땅히 해야 할 것을 정하는 당위의 법칙이다. 당위란 [마땅히 …해야 한다]는 것을 의미한다. 따라서 이웃과의 관계와 사회관계에서 "해서는 안 된다."라는 것을 하게 되거나 "반드시 해야 한다."라는 것을 하지 않으면 처벌을 받게 되는 것이다.

흔히 우리가 "법대로 해라" 또는 "법대로 하자"라고 말하는 것은 법이 정한 바에 따라서 할 것은 하고, 법이 정하는 바에 따라서 하지 말 것은 하지 않아야 하는 것을 말한다. 예를 들어 다른 사람을 폭행하는 것은 하지 말 것을 법이 정하고 있기 때문에 처벌을 받는 것이고, 책을 구입하기 위하여 책값을 지불하였다면, 서점주인으로부터 그 책을 받을 수 있는 것은 법이 정한 것을 이행하였기 때문에 보호받는 것이다.

보충자료 분쟁을 해결하는 방법[1)]

▸ 소송의 방식

일반적으로 소송이라 하면 재판을 받는 것을 말하는데, 재판절차를 모두 다 진행하는 정식재판절차와 그렇지 않은 간단하고 편의적인 약식절차가 있다.

1. 정식재판절차

정식절차에는 민사소송과 형사소송이 있다. 민사소송은 개인과 개인의 재산다툼이나 권리다툼에 대하여 법원에서 재판을 받는 것을 말한다. 민사소송은 국가가 개입하지 않는 개인과 개인의 다툼으로서 한 개인은 소송을 제기하는, 즉 법원에 소장을 제출하는 원고가 되고 다른 개인은 그 피고가 되어 공개법정에서 양측이(또는 양측이 선임한 변호사)가 출석한 가운데 변론절차를 거쳐 법원이 판결을 내리는 방식으로 진행된다. 법원의 결정에 따라 원고의 주장이 받아들여져서 피고가 원고에게 금전으로 그 손해를 배상하게 되거나 피고가 그 손해를 배상할 필요가 없게 무죄가 된다.

형사소송에서는 정식재판절차를 공판절차라고 부른다. 형사소송은 개인과 개인이 다투는 민사소송과는 달리 국가기관인 검사가 원고가 되고 범죄를 저지른 사람을 피고인으로 하여 재판을 하는 것을 말한다. 검사(원고)는 범죄를 저지른 피고인의 성명,

1) 여기서의 내용은 『한국인의 법과 생활』, 법무부, 2013, 44~47면을 인용·정리한 것이다.

죄명, 범죄일시·범죄장소·범죄방법, 그리고 그에 대하여 처벌하여야 할 법조항 등이 적힌 공소장을 법원에 제출함으로써 재판이 시작된다. 법원에 판결에 의해서 사형, 징역, 금고, 벌금, 구류, 과료, 몰수 등의 형벌이 내려지거나 또는 범죄의 혐의가 증명되지 않아 무죄가 된다.

2. 약식절차

약식절차는 판사가 내린다. 예를 들어 심야영업시간을 어긴 경미한 사건의 경우에 유흥업소주인을 불러 직접 심리를 하는 번거로운 절차를 생략하고, 검사가 제출한 서류만으로 판사가 벌금이나 과료 또는 몰수의 형을 내리는 절차이다. 약식절차에 따라 형을 선고하는 것을 약식명령이라 한다. 만약 피고인이 약식명령에 불복하거나 이의가 있는 경우에는 헌법에 의하여 정식재판을 청구할 수 있음은 물론이다.

헌법 제27조 제3항: 모든 국민은 신속한 재판을 받을 권리를 가진다. 형사피고인은 상당한 이유가 없는 한 지체없이 공개재판을 받을 권리를 가진다.

3. 즉결심판절차

20만원 이하의 벌금형, 30일 이내의 구류형 등이 예상되는 경미한 범죄에 대하여 정식 재판 절차를 거치지 않고 판사가 그 자리에서 바로 형을 선고하는 절차로, 즉결 심판, 또는 줄여서 '즉심'이라고 한다. 즉결 심판 절차는 약식 절차와 달리 꼭 검사가 청구하지 않아도 되고, 경찰서장의 청구에 의해 이루어질 수도 있다. 이 경우에도 피고인이 즉결 심판 결과에 이의가 있다면 정식 재판을 청구할 수 있다.

- 즉결 심판의 대상 사건 -

· 행정 법규 위반 사건

도로교통법상의 자동차 주·정차 금지 위반, 향토예비군설치법상의 예비군 훈련 불참자 등

· 형법 위반 사건

폭행죄, 단순 도박죄 등

· 경범죄처벌법 위반 사건

허위 신고, 무임승차 등 54개 항목

4. 소액사건 심판절차

소액사건 심판절차는 소송목적(소송의 대상이 되는 물건이나 권리)의 값이 3,000만원 이하인 소액 사건에 한하여 소송 절차를 저렴한 비용으로 쉽고 빠르게 진행할 수 있도록 하는 절차이다. 소액 사건 심판에서는 변호사가 아니라도 당사자와 관련된 인물이 법원의 허가 없이도 소송 대리인이 될 수 있고, 소장을 제출하지 않고 말로써 소를 제기할 수도 있으며, 빠른 진행을 위해 심리는 한 번만 하는 것을 원칙으로 한다.

5. 독촉절차

민사분쟁에서 채권자에게 금전, 유가 증권을 지급하라는 청구에 대해 변론이나 판결 없이 곧장 지급 명령을 내리는 절차를 독촉 절차라고 한다. 분쟁 당사자를 소환하지 않고, 별다른 소명 절차도 없어서 소송비용이 아주 저렴하다. 채권자는 이러한 독촉 절차와 통상의 소송 절차 중 어느 것이나 자유롭게 선택할 수 있

는데, 지급 명령을 받은 채무자가 이의를 제기하면 통상의 소송 절차로 이어지게 된다.

▸ 대안적 분쟁 해결방식

일반적으로 소송은 복잡하고, 비용이 많이 들며, 시일이 오래 걸리는 단점을 가지고 있다. 또, 소송은 국가 기관의 일방적이고 강제적인 결정에 의해 분쟁을 해결한다는 점과 엄격한 법적용에 의해 실제 사례에서는 구체적 타당성을 가지지 못할 수 있다는 점도 문제로 지적되고 있다. 따라서, 이러한 소송의 문제점을 극복하기 위하여 국제적으로 협상(negotiation), 알선(conciliation), 조정(mediation), 중재(arbitration) 등의 대안적 분쟁 해결방식(alternative dispute resolution: ADR)들이 제도화되고 있다.

1. 협 상

협상이란, 분쟁이 발생했을 때 제3자의 개입 없이 당사자끼리 합의에 의해 해결하는 것을 말한다.

2. 알 선

알선은 당사자끼리 합의에 의해 분쟁을 해결하는 점에서 협상과 같지만, 제3자가 당사자들이 합의할 수 있도록 자리를 마련해 주는 등의 방식으로 도와준다는 점이 다르다.

3. 중 재

당사자끼리 분쟁이 해결되지 않을 때, 중립적인 제3자의 결정에 따르기로 당사자들이 합의하고 제3자가 중재안을 내놓는 것을 중재라고 한다.

중재는 사적으로도 행해지지만, 특히 법원이 아닌 중재위원회 등 다른 공공 기관의 판정에 의해 해결하는 경우도 많다. 공적 기관에 이한 중재의 예로는 국가 간의 분쟁에 대해 제3의 판단 기관이 나서는 국제법상의 중재, 상거래 분쟁에 대한 중재법상의 중재, 노사 분규 등에 대한 노동법상 중재 등이 있다.

4. 조 정

중립적인 제3자가 개입하여 적극적으로 설득하고 양보하게 하는 방식으로, 당사자끼리 합의하도록 도와주는 것을 조정이라고 한다. 조정은 제3자가 적극적으로 개입하기는 하지만 중재와는 달리 제3자가 합의안을 결정할 권한은 없다.

특히, 우리나라에서는 1990년대부터 민사소송으로 가기 전에 당사자의 선택에 의하여 민사 조정을 거칠 수 있도록 하고 있는데, 이 민사조정제도는 법관이나 법원에 설치된 조정위원회에서 당사자들의 사정을 참작하여 서로 양보하고 타협하도록 주선함으로써 융통성 있는 결론을 맺도록 하는 절차이다. 판사의 조정에 대해 분쟁 당사자가 합의를 하거나 판사가 직권으로 결정한 조정안에 당사자가 이의가 없을 경우에 조정이 이루어진다. 이와 같은 조정은 소송 도중에서 할 수 있다. 또 가사 소송의 경우, 일정한 경우에는 반드시 소송으로 가기 전에 조정을 거쳐야 하는 조정 전치주의를 채택하고 있어 곧바로 소송을 신청할 경우에도 가사 조정을 받게 하고 있다. 이러한 대안적 분쟁 해결 방식들을 정식 소송 절차와 비교하여 저렴한 비용으로 빠르게 분쟁을 해결하고, 당사자들의 타협과 양보에 의하여 해결책을 마련할 수 있다는 점 등의 장점을 갖추고 있고 때문에 시민들이 널리 활용하는 것이 바람직하다.

제 2 장

합목적성과 법적 안정성

::: **사 례** ::::::

(1) 국가가 "일반 시민들이 교통위반차량을 신고하면 포상금을 주는 제도(일명 카파라치)"를 시행하였다. 교통범칙금을 통고받은 운전자들 갑(甲)은 경찰관이 직접 단속하지 않고 일반시민의 사진촬영에 의한 단속이므로 무효라고 주장한다.

(2) 대한민국헌법 제3조는 "대한민국의 영토는 한반도와 그 부속도서로 한다."라고 하여 북한 땅도 우리 영토로 규정하고 있다. 그럼에도 불구하고 북한지역을 마음대로 출입할 수 없다면, "이 조항은 효력이 없다."라고 을(乙)이 주장한다. (1)의 경우와 (2)의 경우 중 어느 것이 더 악법의 소지가 있는가?

Ⅰ. 법의 타당성

법이 지속적인 생명력을 가지기 위하여서는 정의, 자유와 평등, 최대다수의 최대행복 등을 실현하여야 한다. 즉 법이 정의롭지 못하거나 폭력을 정당화하거나 일당독재를 보호하는 것이어서는 안된다. 달리 말하자면, 법은 그 내용에 있어서 목적이 합당하여야 하고(합목적성), 그 집행에 있어서 효력을 가지고 있어야 한다(법적 안정성). 법은 인간의 사회생활을 규율하는 것이다. 따라서 타당한 법은 합목적성과 법적 안정성을 동시에 가지고 있어야 한다.

위 (1)의 경우는 교통사고의 예방이라는 목적을 실현하기 위한 것이지만, 경찰이 아닌 일반시민의 단속을 포상함으로써 평화로워야 하는 인간관계가 감시와 고발의 불신사회로 변하게 된다. 따라서 카파라치를 허용하는 제도는 합목적성이 없는 것이다. 그럼에도 국가는 이제도를 실행하였다. 운전자들의 저항에도 불구하고 시행하고 있다는 점에서 법적 안정성은 있다. 즉, 합목적성은 결여하고 있지만, 법적 안정성은 있는 것이다.

위 (2)의 경우는 위 (1)과는 반대로 합목적성은 있지만, 법적 안정성은 없는 것이다. 대한민국의 영토를 북한지역까지 포함함으로써, 대한민국만이 한반도에서 유일한 합법정부라는 것을 분명히 하고 있다. 그러나 북한지역에는 대한민국의 주권이 실질적으로 미치지 못하여 효력이 없다. 즉, 그 합목적성이 있지만, 법적 안정성은 없는 것이다.

Ⅱ. 합목적성

합목적성이란 법의 내용이 합당하여야 한다는 것을 말한다. 이는 법의 이념인 정의를 사회생활에 구체적으로 적용하기 위하여 요구되는 이념이다. 법에 있어서 합목적성은 개인, 사회, 국가에 맞추어져 있다. 개인주의는 인간을 궁극적 가치로 지향하며, 개인의 자유와 행복이 최대한 보장되도록 노력한다. 따라서 국가를 포함한 단체는 개인보다 하위의 가치에 서게 되며, 모든 개인이 평등하게 존중되도록 평균적 정의가 강조된다. 개인의 존엄과 가치를 바탕으로 사회와 국가가 형성된다. 그러므로 개인의 인격은 사회와 국가의 부분으로 그 가치를 실현하는 범위 안에서 인정되고 존중된다. 이러한 범위에서 국가는 개인들에게 질서를 강요하거나 의무를 부과하는 것이 가능하다. 따라서 위의 사례에서처럼 국가가 교통사고를 줄이기 위한 목적이라 하더라도 개개인에 개개인을 감시하고 고발하는 카파라치제도를 시행한다는 것은 합당한 목적이라 할 수 없게 된다. 이러한 목적의 실행으로 인하여 인간관계의 근본을 황폐화시키게 되기 때문이다. 즉, 지나치게 목적만을 추구하다 보면 사회정의나 법적 안정성을 해치거나 그에 위반하는 법이 되는 것이다.

Ⅲ. 법적 안정성

법적 안정성이란 법이 보호하는 사회생활의 안정성을 말한다. 법은 국민이 예측가능하도록 하여 국민의 생활관계를 안정시킬 수 있어야 한다. 인간이 법에 따라 안심하고 생활할 수 있도록 하기 위해서는 현재 시행되고 있는 법은 그 효력이 있어야 한다. 법의 권위를 믿고 행동하면 법의 보호를 받게 되고 인간의 자유로운 활동이 보장되어야 한다는 것이다. 이는 법 자체의 안정성과 사회질서의 안정성의 면으로 파악할 수 있다. 법적 안정성이 달성되려면, 다음과 같은 것이 요청된다.

첫째, 법 자체의 내용이 일의적이고 명확해야 한다. 사회생활의 질서에서 야기되는 다양한 이해대립과 분쟁을 평화적으로 해결하기 위하여서는 법이 명확하여 혼란이 없어야 한다. 조직화된 현대사회에서는 법의 명확성의 요청이 더욱 커지고 있으며, 현대국가에서 성문법의 비중이 점점 높아지는 것도 성문법이 지닌 법의 명확성의 장점 때문이다.

둘째, 법이 자주 변경되어서는 안 된다. 법이 함부로 변경되어 어제는 합법적인 행동이 오늘은 불법이 된다면, 국민은 법을 신뢰하지 않게 되며 국민생활의 행동의 지침으로서의 성격을 잃게 되어 법적 안정성을 확보할 수 없게 된다.

셋째, 법은 실효성이 있어야 한다. 법적 안정성의 핵심내용이 사회생활에서의 효력이다. 법의 내용이 실현가능하여야 국민의 법의식에 파고들어 솔선수범하고 준수하려고 하는 것이다. 법은 이러한 조건을 충족시켜야 법 자체의 안정성이 보장되고 나아가 안정적인 법을 통하여 사회질서의 안정을 유지하게 된다. 헌법 제3조의 영토조항은 합목적성에서 본다면 지극히 당연한 것이지만, 북한지역에 대한민국의 실질적 지배력이 전혀 미치지 못하는 것이므로 법적 안정성이라는 점에서 본다면 타당하지 못하다.

Ⅳ. 사례의 해결

위 (1)은 사회가 인간공동체를 보호하여함에도 오히려 인간관계를 황폐화한다는 점에서 그 합목적성을 결여하고 있지만, 실제 적용되어 효력을 발하였다는 점에서 그 법적 안정성이 있는 것이라

하겠다. 이에 반하여 위 (2)는 대한민국만이 유일한 합법정부라는 점에서 헌법상의 영토조항을 그렇게 하는 것으로서 합목적성을 가지게 된다. 그러나 그 실행이 불가능하다는 점에서 법적 안정성이 없게 된다. 위 (1)의 경우에는 법의 목적에도 불구하고 국민감정을 심하게 해치게 되고 인간관계를 상실하게 하는 것이므로 악법이 된다. 그러나 위 (2)의 경우에는 분단으로 인하여 법적 안정성은 없는 것이라 하더라도 북한지역은 "인민공화국이 불법적으로 점령한 미수복지역"으로서 언젠가 우리가 다시 회복하여야 하는 영토가 된다. 따라서 위 (1)의 법은 폐지되어야 마땅하고, 위 (2)의 헌법조문은 그대로 존속하여도 무방한 것이다. 즉 합목적성과 법적 안정성 중에서 합목적성에 합치하지 않는 위 (1)의 경우가 더 악법이 되는 것이다. 이러한 이유로 인하여 위 (1)의 제도를 규정한 법률은 실제로 폐지되기에 이르렀다.

보충자료 법과 친족관계의 보호

▸ 친족상도례

재산을 훔치거나 재산에 손상을 가하는 것이 재산죄이다. 재산죄의 경우 친족사이의 범죄에 관하여 형벌을 면제하는 등 특례를 규정하고 있다. 이를 친족상도례(親族相盜例)라 한다. 즉 직계혈족, 배우자, 동거친족, 호주, 가족 또는 그 배우자간의 형법 제323조(타인의 점유 또는 권리의 목적이 된 자기의 물건 또는 전자기록 등 특수매체기록을 취거, 은닉 또는 손괴하여 타인의 권리행사를 방해한 자는 5년 이하의 징역 또는 700만원 이하의 벌금에 처한다) 죄를 범한 경우에는 그 형을 면제한다. 이러한 규정을 둔 이유는 친족 간의 관계를 보호하기 위한 것이다. 친족 간의 절도에 대해서도 일반인의 경우와 똑같이 처벌하게 된다면, 친족 간의 관계를 더 돈독하게 하여야 하는 동기가 없어지기 때문이다.

▸ 존속살해죄, 존속상해죄, 존속상해치사죄, 존속학대죄

형법은 사람을 살해한 자, 사람을 상해한 자, 사람의 신체를 상해하여 사망에 이르게 한 자, 자기의 보호 또는 감독을 받는 사람을 학대한 자에 대하여 형벌을 가하고 있다. 특히 자신의 부모나 배우자의 직계존속에 대하여 이러한 죄를 범한 경우에는 더 가중처벌을 하게 된다. 이는 가족구성원의 범죄로부터 직계존속을 보호하여 가족관계를 특별히 보호하려는 것이다. 이렇듯 법에는 인간사회의 가장 기초가 되는 가족을 보호하려는 정신이 깃들어 있는 것이다.

제 3 장

법원의 종류

::: 사 례 ::::::

법에는 상위법우선의 원칙, 특별법우선의 원칙 및 신법우선의 원칙이 적용된다고 한다. 법원(法源)은 법이 존재하는 형식을 말한다. 법원의 예를 들어 이를 설명하라.

Ⅰ. 성문법

법은 문서로 작성된 성문법과 문서의 형식을 갖추지 않은 채 존재하는 불문법이 있다. 성문법은 문서로 표현되어 있음으로 그 내용이 명백하고 일반인에게 예측가능성과 법적 안정성을 보장하는 장점이 있다. 그러나 인간의 사회생활관계의 전부를 법으로 다 규정하는 것은 기술적으로나 인간의 능력으로나 불가능하다. 이 경우에 아직 불문법이 성문법을 대신하고 있다. 우선 성문법에는 '헌법', 국회에서 제정된 '법률', 행정기관에서 제정하여 국회에서 의결되는 명령・국회규칙 및 지방자치단체와 지방자치단체의 의회 등에서 제정하는 자치법규(규칙・조례)가 있다.

1. 헌 법

헌법은 국가의 최고법이고, 실질적 의미에서 국가의 영토·국가의 통치주체·국민의 기본적 권리·국가의 통치조직·운영 등에 관한 근본적 사항을 정한 법규범의 총체이다. 헌법은 국가의 최고법규로서 국가법 안에서 최고의 지위에 있고, 그 형식적 효력은 법률·명령 기타 모든 법형식보다도 우월하다. 그러므로 헌법에 반하는 하위법규는 무효가 된다. 즉, 헌법조항에 반하는 법률·명령·규칙 및 행정부의 국가업무에 관한 그 밖의 행위의 전부 또는 일부는 그 효력이 없다. 그리고 헌법의 최고법규성을 실질적으로 보장하기 위해서 헌법은 헌법재판소에 국회가 만든 법률이 헌법에 부합하는지 위배되는지를 가리는 합헌성심사권을 주고 있다.

2. 법 률

법률은 입법권을 가지는 의회의 의결을 거쳐 제정, 공포된 성문법규를 말한다. 국회의 의결을 거쳐 제정된 성문법을 흔히 형식적 의의의 법률이라고도 한다. 법률은 원칙적으로 입법권을 전유하고 있는 국회의 의결을 거쳐 확정되고 성립된다. 이를 흔히 의회입법중심주의라고 한다. 국회에서 의결된 법률안은 정부에 이송되어 15일 이내에 대통령이 공포한다. 그러나 대통령이 거부권을 행사하여 국회에서 확정된 법률이나 대통령이 거부도 하지 않고 공포도 하지 않아 확정된 법률은 지체없이 공포하여야 한다. 법률이 확정된 후, 확정법률이 정부에 이송된 후 5일 이내에 대통령이 공포하지 아니할 때에는 국회의장이 공포한다. 공포는 성립한 법률을 국민일반에게 주지시키기 위한 공시행위이고, 관보에 게재하여 행해진다.

그러나 법률은 공포에 의해서 즉시 법률로서의 효력이 발생하는 것은 아니다. 법률이 현실적으로 효력을 발생하는 것은 그 법률의 '시행일'로부터이다. 따라서 공포는 시행의 전제조건이고 시행하기 위해서는 적어도 동시에 공포되어야만 한다. 대법원판례도 법령은 공포하지 않는 한 법령으로서의 효력을 발생하지 않는다고 하고 있다.

법률이 실제로 법률로서의 효력을 가지게 되는 시행일은 법률 스스로 그 법률의 부칙에서 정하는 경우도 있고 명령에 위임해서 정하는 경우도 있다. 만약 법률에 별도의 규정이 없을 때는 '법률은 공포한 날로부터 20일이 경과하면 법률로써 효력을 발생한다'는 법령 등 공포에 관한 법률에 의해서 효력을 발생한다. 조례에 관해서도 지방자치법에 동취지의 규정이 있고, '조례는 특별한 정함이 있는 경우를 제외하고 공포일부터 10일을 경과한 날부터 이를 시행한다'고 한다.

3. 명령 · 규칙

성문법을 제정하는 것은 원칙적으로 입법기관인 국회의 권한에 속한다. 이러한 의회입법중심주의의 예외적으로 입법기관 이외의 국가기관에도 입법권이 부여될 수 있다. 명령이라 할 때 흔히 행정기관에 의해서 제정되는 입법의 형식을 말한다(협의의 명령). 협의의 명령에는 그 제정목적에 따라서 집행명령과 위임명령의 두 가지 종류가 있다. 집행명령은 법률규정 또는 상급관청의 명령의 규정을 집행하기 위해서 발해지는 명령으로 통상 시행령 또는 시행규칙이라고 불린다. 위임명령은 대강을 정한 법률의 구체적 세부사항에 관해서 법률 또는 상급관청의 명령의 개별적 위임에 따라서 발해지는 명령이고, 법률에 대한 예외규정이나 세부규정을 정하는 경우의 명령이다. 위임명령은 그 성질상 위임된 법률이 정하는 범위를 넘을 수 없다. 따라서 백지위임이나 본질적 부분의 위임은 인정되지 않고, 법률을 시행하기 위한 절차적인 것에 한정되어야 하는 것으로 되어 있다. 명령은 법률과 함께 종종 '법령'이라고 불린다. 그러나 명령은 국회의 의결을 거치지 않는 점에서 법률과 다르다. 명령에는 흔히 대통령령(명령 중 가장 최고의 효력을 갖는 것으로서 원칙적으로 헌법 및 법률규정을 시행하기 위해서 제정되는 명령), 총리령(국무총리가 법률 혹은 대통령령을 집행하기 위해서 또는 법률 혹은 대통령령의 특별한 위임에 근거해서 발하는 명령), 부령(행정각부 장관이 법률 혹은 상위명령의 집행을 위해서 또는 그러한 것의 취임에 의해 발하는 명령) 등이 있다.

규칙은 행정의 각 기관들이 그 내부의 사항을 정한 성문법규이다. 규칙은 어디에서 만드느냐에 따라 국회규칙, 대법원규칙, 헌법재판소규칙, 중앙선거관리위원회규칙, 감사원규칙 등이 있다. 특히 대법원규칙은 단순히 법원의 내부사항에 한하지 않고, 소송에 관한 절차, 변호사에 관한 사항에 관해서도 정하는 것이므로 법원직원이라든가 방청인과 같이 법원의 운영에 직접 관계하는 자뿐 아니라 일반 소송관계인을 구속한다. 이점에서 대법원규칙은 국민에 대해서 일반적 구속력을 가지는 소송에 관한 법률의 성격을 가지고 있다.

명령과 규칙의 형식적인 효력은 모두 법률의 하위에 있고, 따라서 명령으로 법률을 개폐하는 것은 불가능하다.

4. 자치법규

지방자치단체가 제정하는 법규로서는 지방자치단체의 장이 제정하는 규칙과 지방의회가 제정하는 조례가 있다. 규칙은 지방자치단체의 장이 법령 또는 조례에 반하지 않는 범위에서 제정하는 자치법규이고, 조례는 지방자치단체의 의회가 '법령의 범위 안에서' 자치에 관한 규정을 정하는 것을 말한다. 이러한 자치법규는 법률이나 대통령령 또는 총리령·부령과 같은 국가의 명령에 위반하지 않는 범위에서 그 효력을 가지는 것이고, 그 형식적 효력을 국가의 법령보다도 하위에 있다.

5. 조 약

조약은 국가 간 또는 국가와 국제기관과의 문서에 의한 합의(계약)이다. 조약은 조약을 체결한 관계국가를 구속하는 것이지만 공포에 의해서 국내법으로서의 효력을 발생하는 것이므로 국내법의 한 형식이다. 조약은 반드시 '조약'을 지칭하는 것일 뿐 아니라 각각 협약, 의정서, 선언, 합의, 교환문서, 등으로 불리는 것도 원칙적으로 조약이다. 즉, 조약이란 형식상 조약만이 아니라 실질적인 조약을 말하는 것이다.

Ⅱ. 불문법

우리나라는 성문법주의를 원칙으로 하지만, 문자로 표현되지 않은 불문법의 존재가치도 인정하고 있다. 우리나라에서는 일반적으로 '관습법' '판례법' 및 '조리' 등이 불문법의 법원으로서 인정되고 있다.

1. 관습법

우리나라는 관습법의 법원성에 관한 원칙적 규정으로서 민법 제1조에 "인사에 관하여 법률에 규정이 없으면, 관습법에 의하고 관습법이 없으면 조리에 의한다."고 규정되어 있다. 또 상법 제1조는 "상사에 관해서 본 법에 규정이 없으면 상관습에 의하고, 상관습법이 없으면 민법을 적용한다."고 규정하여 성문법인 민법에 대해서 상관습법의 우선 적용을 인정하고 있다. 이와 같이 재판의 기준으로서의 법원성이 인정된 관습을 일반적으로 관습법 또는 법인 관습이라고 한다. 판례는 관습법에 대하여 "사회의 거듭된 관행으로 생성한 사회생활규범이 사회의 법적 확신과 인식에 의하여 법적 규범으로 승인 강행되기에 이른 것을 말하고, 사실인 관습은 사회의 관행에 의하여 발생한 사회생활 규범인 점에서는 관습법과 같으나 다만 사실인 관습은 사회의 법적 확신이나 인식에 의하여 법적 규범으로서 승인될 정도에 이르지 않은 것을 말한다."고 보아 국가 승인불필요설의 입장을 취하고 있다(대법원 1983.6.14. 선고 80다

3231 판결).

2. 판례법

우리나라 법원조직법 제8조는 "상급법원의 재판에 있어서의 판단은 당해 사건에 관하여 하급심을 구속한다."고 규정하고 있다. 이것은 당해 사건에 관해서 상급심이 이것을 하급심에 환송한 경우에 하급심은 상급심이 내린 판단에 따라서 심리해야만 함을 정한 것이고, 이 경우는 동일 사건에 관한 판단이고, 당해 사건에 한정되고 있다. 특정한 판결이 그 후의 동종의 사건의 재판에서 존중되고 또 그 법원의 판결을 구속한다는 것만으로는 단순한 재판의 선례, 즉 판례이고, 판례법은 아니다. 판례법은 단순한 판례의 선례가 아니라 법관을 구속하는 법규범이고 법 그 자체이다. 판례가 판례법이 되기 위해서는 법원의 판결에 있어서 같은 판단이 어느 정도 되풀이되고, 동종의 사건에 대한 국가적 판단의 선례로서 일반적으로 동종이 사건에 관해서 동취지의 판결이 내려지는 것이 필요하다고 법적 확신을 가지고 그 판례가 일반적으로 법적 규범성을 인정받아야만 한다. 이러한 객관적 효력을 갖는 선례가 '판례법'이 되는 것이다.

3. 조 리

우리나라 민사조정법 제1조에는 '이 법은 민사에 관한 분쟁을 간단한 절차에 따라 당사자 사이의 상호양해를 통하여 조리에 맞게 해결함을 목적으로 한다.'고 규정하여 조리는 분쟁을 해결하는 타당한 법적 근거로 하고 있다. 조리란 일반적으로 '사물자연의 도리'라고 부른다. 이러한 조리는 사회일반의 정의감, 사물의 본질적 법칙, 법의 일반원칙 등을 본질적 요소로 한다. 조리는 구체적 사건의 재판에서 적용할 성문법이나 관습법이 없는 경우에 법원은 조리에 의하여 재판을 행하게 된다. 이 경우 조리는 보충적 효력이 있다.

Ⅲ. 사례의 해결

상위법우선의 원칙이란 법에는 최고법을 기준으로 위계질서가 있는데, 예를 들어 이 중 상위법인 헌법의 내용과 위계질서상 헌법 아래에 위치하는 민법의 규정내용이 상충하는 경우에 상위법인 헌법을 적용하는 것을 말한다. 우리의 (구)민법 제809조에는 "동성동본혼인금지"를 규정하고 있었는데, 이는 헌법 제36조에서 보장하는 혼인의 자유와 헌법 제10조의 행복추구권을 침해하는 것이 된다. 따라서 상위법인 헌법에 합치하지 않는 민법 제809조는 폐지되었다. 상위법우선의 원칙은 헌법 → 법률 → 명령 → 규칙 → 조례 등의 순서의 질서가 정하여져 있다.

특별법우선의 원칙이란 예를 들어 상법이 민법에 비하여 우선 적용하는 특별법의 위치에 있는 것처럼 서로 다른 법령 중에서 특정 법을 우선 적용하거나 동일한 법령의 규정 상호간에도 적용된다. 특별법이란 특정한 사람·사물·행위 또는 특정한 지역에 국한하여 일반법보다는 더 엄격하거나 특별하게 적용하는 것을 말한다. 예컨대, 형법 제250조 제2항에는 "자기 또는 배우자의 직계존속을 살해한 자는 사형, 무기징역 또는 7년 이상의 징역에 처한다."라고 하여 존속살해죄를 규정하고 있는데, 이는 동조 제1항의 보통살인죄의 경우의 5년 이상의 징역에 처하도록 한 것에 대한 특별법적 규정이다.

신법우선의 원칙이란 새로운 법이 만들어지고 그 새로운 법에 의하여 기존의 법이 폐지되게 되는 경우 구법을 적용하지 않고 새로운 법을 우선 적용하는 것을 말한다. 신법우선의 원칙은 서로 동등한 효력을 가지는 경우에 한하여 적용되고, 그 충돌되는 법이 하나는 상위법이고 다른 하나는 하위법인 경우와 특별법과 일반법의 관계에서는 적용되지 않는 것이다.

제4장

법의 형식적 효력

::: 사 례 ::::::

국회의원 갑(甲)은 국회 교육위원회 소속의원으로서, 교육부총리로 내정된 을(乙)에 대한 국회의 인사청문회에서 교육부총리 내정자인 을의 논문표절부분을 추궁하다 "사생활도 더럽다."라고 하였다. 이에 을은 국회의원 갑을 명예훼손죄로 고발하려고 한다. 갑은 처벌을 받는가?

Ⅰ. 법의 효력

법의 효력이란 법이 규정한 조문 및 규범이 실제생활에서 그 의미내용대로 실현되는 상태 또는 실현되도록 하는 힘을 말한다. 예컨대, 도로교통법 제8조 제2항에는 "보행자는 보도와 차도가 구분되지 아니한 도로에서는 차마와 마주보는 방향의 길가장자리 또는 길가장자리구역으로 통행하여야 한다."라고 규정하고 있다. 만일 이 규정이 사회에서 실현되지 않는다면 교통질서는 대혼란을 야기하게 될 것이다. 법의 효력이란 이처럼 사회생활에 있어서 법으로 규정된 사회생활상 「…을 해야 한다」, 「…을 해서는 안 된다」라는 것을 실현되게 하는 것이다.

법의 효력의 문제는 두 가지 측면이 있다. 첫째, "법이 왜 효력을 가지게 되는가."하는 당위에 관한 것으로서 실질적 효력이다. 둘째, "법이 어느 때(시간적 효력), 어느 사람에게(인적 효력) 어느 곳에서(장소적 효력) 효력이 발생하는가."하는 형식적 효력이다. 즉 법의 형식적 효력은 법의 실질적 효력이 미치는 범위가 된다. 위 사례는 형식적 효력 중 사람에 관한 인적 효력에 관한 것이다. 법의 형식적 효력에 관하여 우선 살펴본다.

Ⅱ. 법의 시간적 효력

법의 시간적 효력은 그 시행일로부터 폐지일까지 계속된다. 이 기간은 법의 시행기간 또는 유효기간이 된다. 성문법의 경우에는 국회에서 입법이 되고 시행이 되기 위해서는 반드시 공포되어야 한다. 성립된 법을 공포하는 행위를 공시라고 한다. 공포는 법의 성립과 그 내용을 국민에게 알리기 위한 절차로서, 국가의 법령과 조약에 있어서는 관보에 게재하는 행위를 말하며, 자치법규에 있어서는 당해 자치단체의 공보나 신문에 게시하는 것을 말한다. 법을 공포와 동시에 시행하게 되면 여러 가지 폐해가 발생할 수 있기 때문에 공포 후 시행까지는 얼마간의 기간을 두는 것이 일반적이다. 일반국민에게 법의 시행을 알려준다는 의미에서 이 기간을 주지기간이라고 한다. 개별 법령에 시행기일을 정한 경우에는 그 정한 날로부터 시행하게 되지만, 그 기간이 특별히 정하여져 있지 않으면 공포일로부터 20일이 경과함으로써 효력이 발생한다(헌법 제53조 제7항).

법은 폐지에 의하여 그 효력을 당연히 상실한다. 법의 폐지는 법의 명시적인 규정에 의하는 명시적 폐지와 그렇지 아니한 묵시적 폐지가 있다. 명시적 폐지로서는, 첫째, "이 법은 공포한 날로부터 시행하여 2018년 12월 31일까지 그 효력을 가진다."라는 규정을 두는 것처럼 법령의 제정시에 미리 그 시행기간을 규정하고 있어 그 기간의 종료로 폐지되는 경우이다. 이를 기간부입법 또는 한시법이라고 한다. 둘째, 신법에서 구법의 일부 또는 전부를 폐지한다는 명문규정을 두는 경우이다. 형법부칙 제10조에 "본법 시행직전가지 시행되던 구(여기서 구는 옛날을 의미한다. 이하 법령 앞에 구자가 붙어 있는 것은 이런 의미를 가진다)형법, 구형법시행령 등의 법률, 포고 또는 법령은 폐지한다."라고 규정한 것이 그 예가 된다.

묵시적 폐지는 「신법은 구법을 개폐한다」는 원칙에 따라 구법의 규정과 신법의 규정이 서로 저촉·모순되는 경우에 그 범위 내에서 구법은 당연히 효력을 상실하게 되는 것이 그 예가 된다.

Ⅲ. 법의 대인적 효력

법의 대인적 효력은 법이 적용될 사람의 범위에 관한 것이다. 현대국가는 「법 앞에서의 만인의 평등」을 이념으로 하고 있다. 따라서 법은 사람의 지위·신분·문벌·계급·성·신앙 등에 의하여 차별하여 적용하는 것이 금지되고, 모든 사람에게 똑같이 적용되는 것이 원칙이다. 법은 원칙적으로 그 시행지역 안의 모든 사람에게 적용된다. 즉 국가의 영역을 기준으로 하여 그 영역 내에 있는 사람이면 자국민이든 외국인이든 그 국가의 법에 복종해야 하는 것이다. 이를 속지법주의라고 한다. 한편 국적을 기준으로 하여 한 국가의 국민은 어디에 있든 자국법의 적용을 받는다고 할 수 있는데, 이를 속인법주의라고 한다. 오늘날 대부분의 국가는 원칙적으로 속지주의를 원칙으로 하고, 보충적으로 속인주의를 가미하고 있다.

그러나 ① 국가공무원법은 국가공무원에게만, 변호사법은 변호사에게만, 근로기준법은 사용자와 근로자에게만 적용하거나, ② 대통령은 내란 또는 외환의 죄를 범한 경우가 아니고는 재직중 형사상의 소추를 받지 아니하거나(헌법 제84조), ③ 국회의원에게는 불체포특권과 면책특권(헌법 제44조 제1항, 제45조)이 인정되어 속인주의의 예외가 인정된다.

마찬가지로 참정권·청구권·국방의 의무 등과 같은 헌법상의 권리·의무는 국민의 지위에 기한 것이므로 외국인에게는 적용되지 아니하게 하거나 또는 외국대사에게 우리나라의 법을 적용하지 못하는 것처럼 속지주의의 예외가 인정된다.

Ⅳ. 법의 장소적 효력

법은 국가의 영토 전체에 걸쳐서 적용되는 것이 원칙이다. 즉, 주권이 미치는 영토·영해 및 영공을 포함해서 그 나라의 영역 내에 있는 모든 내국인은 물론 외국인에게도 일률적으로 적용된다(속지주의). 다만, 다음과 같은 예외적인 같은 경우가 있다. ① 자치법규·도시계획법 등의 경우처럼 자국영역 내에 있어서도 법이 일정한 적용지역을 정하고 있을 경우에는 당해 지역 내에서만 그 효력이 미친다. ② 자국의 군함·선박 또는 항공기는 공해상에서는 물론이고 자국의 영역 밖에 있을지라도 자국법의 적용을 받는다. 이를 기국주의라 하는데, 이는 자국영토의 연장으로 보기 때문이다. ③ 정치적인 이유로 자국법을 배제하고 자국법이 적용될 수 있다. 영사재판권이 행하여지는 지역, 조차지, 점령지, 위임통치지 등이 그 예이다.

Ⅴ. 사례의 해결

법의 형식적 효력의 요건을 갖추지 못하는 경우에는 그 법이 효력이 없다. 예를 들어 2016년 1월 1일부터 폐지하는 법률에 따라 2016년 1월 2일에 처벌하는 것은 시간적 효력을 갖지 못한 법에 의한 것이므로 원천적으로 무효가 되는 것이다. 시간적 효력의 경우에는 일시를 기준으로 하기 때문에 명백하지만, 인적 효력의 경우에는 각 법조문의 규범내용에 따라야 하는 것이다. 위 사례의 경우는 헌법 제45조를 살펴보아야 한다. 헌법 제45조에는 "국회의원은 국회에서 직무상 행한 발언과 표결에 관하여 국회외에서 책임을 지지 아니한다."라고 규정하고 있다. 이를 흔히 면책특권이라 한다. 면책특권은 국회내에서 행한 발언과 표결의 경우에 범죄성립의 요건을 충족하더라도 그에 대하여 형벌을 내리지 못하는 것을 말한다(인적 처벌조각사유). 이에 비추어 볼 때, 국회의원 갑은 국회의 인사청문회에서 직무수행 중에 행한 을에 대하여 명예훼손의 발언을 하여, 명예훼손의 죄를 범하기는 하였지만, 그 면책특권으르 인하여 처벌받지 않게 된다.

보충자료

▸ **법률불소급의 원칙**

법의 효력은 시간적으로 제한을 받기 때문에 그 시행 후에 발생한 사항에만 적용되고, 그 시행 전에 발생한 사항에 대해서는 소급하여 적용하지 못한다. 이를 법률의 불소급의 원칙이라고 한다. 만약 법률의 소급적용이 가능하다면, 인간의 사회생활은 불가능하게 된다. 예를 들어 도로교통법이 제정·적용되기 이전에 우측통행을 하지 않았던 사실을 가지고 우측통행을 규정한 새로 만들어 진 도로교통법의 적용에 의하여 처벌하게 된다면 인간의 그 누구도 과거의 행위에 의한 범죄로부터 자유롭지 못하게 되기 때문이다. 이는 법률생활의 안정과 기득권존중을 위하여 인정되는 것이다.

범죄와 형벌을 다루는 형사에 관하여는 특히 엄격히 규제되어 헌법적 차원에서 형벌불소급의 원칙을 명시하고 있다. 즉, 헌법 제13조 제1항은 "모든 국민은 행위시의 법률에 의하여 범죄를 구성하지 아니하는 행위로 소추되지 아니한다."고 규정하고 있다. 이러한 규정에 따라 형법 제1조 제1항은 "범죄의 성립과 처벌은 행위시의 법률에 의한다."고 규정하고 있다. 기득권존중의 원칙·사후입법금지의 원칙(형벌불소급의 원칙)은 법률불소급의 원칙의 내용을 이루는 주요한 파생원칙이다.

그러나 이러한 원칙은 절대적인 것은 아니다. 사회실정이나 국민의 정의감에 비추어 필요한 경우에는 예외적으로 소급효를 인정하는 수가 있다. 민법 부칙 제2조·상법시행법 제2조 등에서 신법의 소급효를 인정하였으며, 형법에 있어서도 신법이 구법보다 형사피고인에게 유리한 경우에는 신법이 소급적으로 적용된다고 하고 있다. 즉, 형법 제1조 제2항은 "범죄 후 법률의 변경에 의하여 그 행위가 범죄를 구성하지 아니하거나 형이 구법보다 경한 때에는 신법에 의한다."라고 하고 있다.

▸ **처벌조각사유**

처벌조각사유란 범죄가 성립함에도 불구하고 형벌권의 발생이 저지되는 일정한 사유를 말한다. 그 사유가 위 사례에서처럼 특히 범인의 일신상의 사정에 기인하는 때에는 인적 처벌조각사유라고 부르는데, 여기에는 국회의원의 의회내에서의 표결과 발언, 형법상의 친족간의 범행, 외교관의 행위 등이 있다.

제 5 장

사실의 확정 · 법의 해석 및 적용

::: 사 례 ::::::

양봉업을 하고 있는 갑(甲)은 밤나무단지가 있는 야산 근처의 개활지에서 벌통을 놓아두고 꿀채집을 하고 있었는데, 밤나무단지 주인인 을(乙)이 양봉업자인 갑에게 아무런 통보도 없이 밤나무에 소독을 살포함으로써 갑의 벌이 약 80% 정도가 죽었다. 양봉업자인 갑은 밤나무단지 주인인 을에게 손해배상을 받을 수 있는가?

Ⅰ. 사실의 확정

법의 적용은 제일 먼저 사실의 확정, 그에 대한 다툼이 있는 경우에는 법의 해석 그리고 법의 적용의 단계를 거쳐서 사건이 해결이 종결된다.

법의 집행은 우발적으로 이루어지는 것이 아니라 그 적용의 전단계로서 먼저 어떠한 사실이 확정되어야 한다. 위 사례의 경우처럼, 을의 소독약살포에 의하여 갑의 벌이 죽게 됨으로써 막대한 재산상의 피해가 발생한 사실관계가 존재하여야 한다. 이러한 사실의 발생의 이유는 무엇인가, 또는 그 행위가 고의인가 · 과실인가, 가해자와 피해자는 무슨 관계에 있는가 등의 사실을 명백히 하지 않으면 안 된다. 사실이 명확히 결정되지 아니하면 거기에 대하여 어떠한 법규를 적용할 것인가를 결정하지 못하기 때문이다. 법에서의 사실의 확정(인정)은 사회적 사실을 있는 그대로 받아들이는 것이 아니다. 말하자면 자연적으로 인식하는 것이 아니고 법적으로 인식하는 것(법적 평가)을 말한다. 이를 이른바 사실문제라고 한다. 사실확정의 방법에는 다음과 같은 것들이 있다.

1. 사실의 입증

사실은 증거에 의하여 확정된다. 이것은 소송절차에 있어서 특히 현저하다. 즉, 재판에 있어서 사실이 존부에 관하여 확신을 얻게 하는 자료가 증거이며, 이는 재판관의 사실인정에 있어서 객관성을 담보한다. 증거의 자료로는 당사자 본인의 진술 내지 자백, 증거에 의한 증언, 전문가의 감정, 문서에 의한 증거, 현장검증 등을 들 수 있다. 이 사례의 경우에는 소독약살포에 의하여 죽은 벌이 된다.

2. 사실의 추정과 간주

이 사례의 경우 사실관계가 간단하여 사실의 입증이 비교적 쉽다. 그러나 사실을 입증하는 것이 언제나 용이한 것은 아니다. 흔적을 남기지 않는 완전범죄의 경우에는 사실입증이 전혀 불가능하거나 매우 곤란한 경우가 생긴다. 그래서 법은 공익적 견지에서 사실확정을 쉽게 하기 위해 편법을 쓰는데, 추정과 간주의 두 가지 방법이 그것이다.

1) 추 정

사실의 추정이란 증거에 의하여 확정하지 못한 사실을 우선 사실 그대로 확정하여 법률효과를 발생시키는 것을 말한다. 이는 증명의 곤란성을 해소하고 법적 생활의 안정성을 우선적으로 유지하기 위한 추정의 이론에서 나온 것이다. 보통 법조문에 "…추정한다."라고 규정되어 있는데, 예를 들어, "처가 혼인 중에 포태한자는 부의 자로 추정한다."(민법 제844조 제1항)고 규정한 것이나 또는 "2인 이상이 동일한 위난으로 사망한 경우에는 동시에 사망한 것으로 추정한다."(민법 제30조)고 규정한 것이 그 예이다. 즉, 결혼기간 중 임신한 아기는 남편과의 사이에서 생긴 자식으로 추정하게 된다. 따라서 출생신고를 할 때 가족관계등록부상의 남편이 아기의 친아버지라는 사실을 증명할 필요는 없다. 추정은 말 그대로 입증을 기다리지 않고 그렇게 인정하는 것이므로 확정적인 것이 아니라 잠정적인 결정에 불과하며, 반대의 사실을 주장하는 당사자는 반증을 들어 언제나 이 효과를 부정할 수 있다.

2) 간주(의제)

간주는 법적 사실에 대하여 증명이 확실히 나타나지 않는 경우라 하더라도, 공익 또는 기타의 이유로 일정 사실의 존부를 확정하여 법적 효과를 부여하는 것을 말한다. 이를 의제라고도 한다. 간주는 법조문에 「…간주한다」, 「…본다」라고 규정하고 있는데, 예컨대, "실종선고를 받은 자는 전조의 기간이 만료한 때에 사망한 것으로 본다."(민법 제28조)는 규정이 그 예이다. 간주는 추정과 달라서 상대적인 법률효과를 인정하는 것이 아니고 절대적인 법률효과를 확정하는 것이기 때문에 이에 대하여는 반증을 가지고도 법이 의제한 효과를 뒤집을 수 없다. 실종선고는 사망한 것으로 추정하는 것이 아니라 사망한 것으로 보는 것이므로(간주) 그 실종선고가 사실과 다르다는 것이 후에 입증되더라도 취소의 절차를 밟지 않는 한 사망이라는 법률적 효과를 소멸시키지 못한다. 간주는 사실의 확정에 있어서 추정보다 법적 효력이 더 강하다. 민법 제28조의 규정에 의하면 행방불명되어 5년간 생사를 알 수 없는 경우에는 이해관계 있는 사람의 청구에 따라 법원이 실종선고를 한다. 실종선고가 내려지면 사망한 것으로 간주된다. 가족관계등록부에는 사망한 사람으로 등재된다. 설사 5년 후에 그 사람이 살아서 나타나더라도 즉시 살아 있는 사람으로서의 법적 권리를 회복할 수는 없다(투표권을 비롯한 각종의 공법적 권리 · 재산권 · 상속권 등의 행사). 실종선고 취소의 재판을 청구하여 재판을 통하여 권리를 회복하여야만 이러한 권리가 주어진다.

Ⅱ. 법의 발견과 법의 해석

1. 법의 발견

사실이 확정되면 그 행위가 법령에 의하여 규제되는 행위인지를 먼저 확인해야 한다. 즉 그 행위에 관한 규정을 가지고 있는 법령을 찾아내야 한다. 우리사회에는 매우 다양한 법적 문제가 발생하는데, 개개의 사건에 적용할 법을 찾아내는 일이 언제나 간단한 것은 아니다. 사회생활관계는 복잡하고 법의 존재형식도 매우 다양하기 때문이다. 그래서 법공부를 하게 되고 법공부를 통하여 수월하게 법을 발견하게 되는 것이다. 이 사례에서는 민법 제750조의 "고의 또는 과실로 인한 위법행위로 타인에게 손해를 가한 자는 그 손해를 배상할 책임이 있다."라는 규정을 생각할 수 있다. 즉 불법행위로 인한 손해의 경우에는 그 배상의무가 발생하는 것이다.

2. 법해석

찾아낸 법을 그 사건에 적용할 수 있는지 확인하기 위해서는 법의 내용을 명확히 밝혀야 한다. 이것을 해석이라고 한다. 법의 해석이 필요한 이유는 "이 법은 2016년 1월 1일부터 시행한다."라거나 "회의는 과반수이상의 출석으로 성립한다."라는 규정처럼 그 의미가 명백한 것이 아니라 이 사례의 경우처럼 "고의나 과실로 인한 위법행위"로 규정하여 그 의미를 명백히 하기 위한 법해석이 필요한 경우가 발생한다. 법해석의 방법으로는 유권해석과 학리해석(무권해석)이 있는데, 유권해석은 권한 있는 국가기관이 행하는 해석을 말하고 학리해석은 학문적 관점에서 행하는 해석이다.[1)]

1) 유권해석

(1) 입법해석

입법을 통하여 특정한 법규의 내용을 명확히 하는 것을 말한다. 민법 제98조는 "본법에서 물건이라 함은 유체물 및 전기 기타 관리할 수 있는 자연력을 말한다."고 규정하고 있는데, 이것은 민법

1) 이 부분은 최상회, 『현대사회와 법』, 형설출판사, 2003, 46~47면을 참조하여 서술하였다.

에서 규정하고 있는 '물건'의 개념을 입법적으로 밝힌 규정이다.

(2) 사법해석

법원에 의한 해석을 말한다. 보통 판결을 통해 행해진다. 형법의 유기죄와 관련하여 대법원은 보호를 필요로 하는 자를 적극적으로 내다 버리는 것뿐만 아니라, 소극적으로 방치하는 것도 형법 제271조 제1항의 '유기'에 포함된다고 판결한 것은 사법적 해석의 예이다.

(3) 행정해석

행정관청이 행하는 해석을 말한다. 법을 집행하는 형태로 행해지는 것이 보통이다. 하급 관청의 질의에 대한 회시의 형태로 나타나기도 하고, 훈령이나 지령 등의 형식으로 나타나기도 한다. 행정청의 법해석에 관하여 이의가 있는 사람은 행정쟁송절차를 통하여 이의를 제기할 수 있고 최종적으로는 법원의 사법적 해석을 구할 수 있다.

2) 학리해석

학리해석은 권한있는 국가기관이 행하는 유권해석과는 달리 그 해석이 법적 직접 구속력이 없는 것이라는 점에서 무권해석이라고도 한다. 법령에 사용된 단어와 문장의 의미, 법규범의 목적 및 사회생활의 현실 등을 모두 고려하여 학문적 관점에서 행하는 해석이다.

(1) 문리해석

법령에 사용된 단어나 문장의 의미를 문법적으로 해석하는 것이다. 문리해석은 법해석에서 제일 먼저 행하는 가장 기본적인 해석방법이다.

(2) 논리해석

법문의 문법적 의미뿐만 아니라, 그 법령의 목적과 사회현실 등을 두루 고려하여 학문적으로 해석하는 방법이다. 논리해석에는 다양한 방법이 있다.

i) **확장해석**: 법문에 사용된 표현을 일반적 의미보다 넓게 해석하는 방법이다. 예컨대, 형법상의 '흉기'란 사람을 살상하는 데 쓰이는 물건만을 의미하는 것이 아니라, 사용하기에 따라서 사람을 살상할 수 있는 물건은 모두 흉기에 포함된다고 해석하는 것도 일종의 확장 해석이다.

ii) **축소해석**: 법문에 사용된 표현을 일반적 의미보다 좁게 해석하는 방법이다. 예컨대, 현재의 다수설은 부동산은 절도죄의 객체에 포함되지 않는다고 해석한다. 이것은 형법 제329조에 규정된 '재물'의 개념을 좁게 해석하는 견해라고 할 수 있다.

iii) **유추해석**: 어떤 사실(A)에 대해 직접 규정하고 있는 법규가 없는 경우에, 그와 유사한 사항(A′)에 대한 규정을 A에 적용할 수 있다고 해석하는 방법이다. 유추해석이 어느 정도까지 허용되는가에 관해서는 논란의 여지가 있다. 또 확장해석과의 구별도 애매하다. 사법분야에서는 비록 제한적일지라도, 유추해석이 인정되고 있지만, 형법에서는 유추해석이 허용되지 않는다고 해석한다. 예를 들어 갑은 절도죄를 저질렀는데 지었는데, 갑은 하루 일과 중 거의 대부분의 시간을 그의 친구인 을과 함께 보내는 사이이다. 그러므로 을은 갑과 같이 절도를 하였을 것이라고 유추한다면 을은 절도

현장의 근처에도 있지 않았는데 처벌받게 된다. 이는 법치주의의 근간을 흔드는 것이 된다.

iv) **반대해석**: 법령에 명시적으로 규정되어 있는 사항을 거꾸로 추론(역추론)하는 해석방법이다. 예컨대, 민법 제303조 제1항은 "전세권자는 …타인의 부동산을 점유하여 그 부동산의 용도에 좇아 사용 · 수익하며 …"라고 규정하고 있는바, 이 규정을 뒤집어 생각해 보면 전세권의 객체는 '부동산'에 한정된다는 결론이 도출되는 것이다.

v) **보정해석**: 법령의 표현이 잘못되었거나 부정확한 경우에 이를 변경 · 보충하여 해석하는 방법이다.

Ⅲ. 이 사례의 해석

민법 제750조에 의한 손해배상청구권이 성립하려면 "고의 또는 과실로 인한 위법행위로 타인에게 손해를 가하여야 하기" 때문에, 해석의 문제가 발생한다. 양봉업자의 관점에서 본다면, 밤나무주인인 을이 밤꽃의 개화기에는 양봉업자들이 찾아오게 된다는 점을 알면서도 이에 대한 사전통지를 게을리 하였고, 이러한 부주의로 인하여 벌들이 죽었으므로 갑에게 손해배상을 하여야 하는 것이다. 그러나 을의 입장에서 보면, 자신의 밤나무의 병충해를 예방하기 위한 소독약살포이고, 농작물에 대하여 수시로 소독약을 살포하는 점에 비추어 양봉업자가 주의하지 않는 점에서 그 책임을 양봉업자인 을에게 지우는 것은 부당하다고 할 것이다. 법의 해석은 같은 사례이라 하더라도 이렇게 상반될 수 있다. 이 경우 법적용에서의 법관의 법적 판단인 판결에 의하여 결정된다.

Ⅳ. 법의 적용

법의 내용이 일의적이고 명백한 경우에는 곧바로 법의 발견이 가능하지만, 법의 발견의 경우에도 그 의미내용이 불명확하거나 또는 법을 발견하지 못하는 경우에는 해석을 통하여 효과를 발생시킨다. 이처럼 일정한 사실(사건)에 관한 법률효과를 도출해 내는 과정을 법의 적용이라고 한다. 법의 적용을 주 법원이 담당한다. 물론, 행정기관도 법을 적용하여 직무를 수행하지만, 행정기관의 법적용 활동은 일반적으로 법집행이라도 불린다. 이 사례의 경우처럼 을의 소독약살포에 의하여 갑의 벌이 죽었다는 사실이 확정되면, 법원의 재판을 통하여 그 사건의 내용을 확인하고 법을 적용하는 것이다. 법관은 민법 제750조에 관한 법률학적 지식에 기초하여 을의 행위가 그에 해당하는지를 판단한 다음, 적정한 액수를 배상하도록 판결하거나 또는 을에게 배상책임이 없다는 판결을 할 수도 있을 것이다.

제 6 장

권리 · 권한 · 의무

::: **사 례** ::::::

인간의 사회생활 관계는 관습 · 도덕 · 종교 · 법 등의 다양한 사회규범에 의하여 규율되고 있다. 이 중에서 법에 의하여 규율되는 사회생활 관계를 법률관계라 한다. 법률관계의 핵심내용은 권리와 의무에 관한 것이다 따라서 법률관계를 권리의무관계라고도 한다. 그렇다면 권리와 의무는 무엇인가? 또한 권리는 권한 또는 권력과는 어떻게 구별되는가?

Ⅰ. 권 리

법이 인정한 의사의 힘을 말한다. 예를 들면, 물건을 판 매도인은 매수인에 대하여 대금을 청구할 권리가 있는데, 대금을 청구할 권리가 있다고 하는 것은 대금을 청구한다고 하는 매도인의 의사가 법에 의하여 보호되고 있다는 것을 의미한다. 다시 말하면, 만약 매수인이 임의로 대금을 지급하지 아니한 때에는 매도인은 법원에 소를 제기하여 판결을 얻어 이에 근거하여 강제집행을 하여 대수인의 재산으로부터 강제적으로 대금을 취득할 수 있다. 또한 권리는 법에 의하여 보호되는 이익이라고도 설명된다. 왜냐하면, 위의 예에서 매도인이 대금을 청구하는 것은 매도인의 이익이며 이러한 이익이 얻어지도록 법은 매도인을 보호하고 있기 때문이다. 그러나 이러한 권리의 본질이 무엇인가에 관해서는 오래 전부터 많은 학자들이 다양한 견해를 제시하고 있다. 대체로 다음과 같은 것들이 있다.

1. 의사설

권리란 법에 의하여 주어진 의사의 힘 또는 의사의 지배라고 한다. 의사능력이란 권리행사의 수단에 불과한데에도, 의사를 권리의 본체로 보고 있다는 점에서 부당하다는 비판을 받고 있다. 의사설에 따르면 즉 스스로 사고할 수 있는 능력을 가진 자만이 권리의 주체가 될 수 있다는 결론에 이르게 된다. 이 설은 법의 적용에 있어서 의사무능력자인 태아도 생명권과 같은 권리의 주체가 될 수 있다는 점에 대해서 설명을 하지 못하는 점이 있다.

2. 이익설

이익설은 권리란 법에 의하여 보호되는 이익이라고 함으로써 권리의 본질을 이익에서 구하는 것이다. 이익이란 권리행사로 인한 결과이지 권리 그 자체는 아니라는 점에서 이익과 권리를 혼동하고 있다는 비판이 있다. 예컨대, 민법상의 친권에 아무런 이익이 수반되는 것은 아니고 오히려 부모로서 자식을 양육하기 위해 손해를 감수해야 하는데, 이익설은 이에 대하여 설명을 제공하지 못한다.

3. 법력설

권리란 일정한 이익을 향유할 수 있도록 부여된 법률상의 힘이라고 한다. 자신의 이익을 위해 행위할 수 있도록 법이 허용한 힘이라고 하므로, 권리주체의 의사나 이익만을 강조한 의사설과 이익설의 결함을 잘 보충하고 있다는 통설이다. 이 견해에 따르면, ① 권리란 법에 의하여 부여되는 힘이다. ② 권리의 내용과 한계는 법에 의하여 정해진다. ③ 권리는 그 주체에게 주어지는 것이다. 주체가 없는 권리란 생각할 수 없다. ④ 권리의 내용은 이익이다. 재산적 이익이든 비재산적 이익이든 불문한다.

Ⅱ. 의 무

의무란 권리에 반대되는 개념으로서 법에 의하여 부여받게 되는 의사의 구속 또는 법에 의하여 일정한 형태를 취하도록 하는 구속을 말한다. 의무는 개인이 원하든 원하지 않든 개개인을 강제할 수 있는 법률상의 힘이다. 의무도 여러 가지로 분류할 수 있으나, 권리에 대응하는 것으로 분류하면 공의무와 사의무로 나뉜다.

1. 공의무

공의무는 공법관계에 기인하여 발생하는 의무를 말한다. 특히 헌법상에 규정되어 있는 것으로서 교육의 의무(헌법 제31조 제2항), 근로의 의무(헌법 제32조 제2항), 납세의 의무(헌법 제38조), 국방의 의무(헌법 제39조 제1항), 환경보전의 의무(헌법 제35조 제1항) 등이 있다. 이 중 강제성이 강한 납세의 의무와 국방의 의무는 고전적 의무의 형태라고 할 것이다.

2. 사의무

사의무는 사법간계에서 발생하는 의무를 말한다. 즉 개인간의 약속에 의하여 발생하는 의무를 말한다. 그러므로 사의무는 당사자의 자유로운 의사표시에 의하여 생기는 것이 원칙이다. 예를 들어, 물건을 매입한 사람은 그 물건에 대한 비용을 지급하여야 하는 의무가 생기는 것이다.

3. 기타의 의무

의무는 일정한 행위를 적극적으로 하여야 하는 작위의무와 일정한 행위를 하지 않아야 하는 부작위의무도 있다. 예컨대, 재난의 경우에 경찰관과 소방관은 출동하여 적극적으로 구조를 하여야 하는 것이 작위의무이라면, 하천의 보호를 위하여 하천에 독극물의 방류을 하지 않아야 하는 의무가 부작위의무가 된다. 부작위의무 중에는 특히 타인의 일정한 행위를 참고 받아들여야 하는 용인의무도 있다. 예컨대, 토지를 수용하기 위하여 관계공무원이 토지에 출입하여 조사를 하는 경우에 토지소유자는 이를 참고 받아들여야 하는데, 이것이 바로 용인의무이다.

Ⅲ. 권 한

권리란 그 주체에게 부여된 구체적 이익 또는 힘이라면 권한은 권리자 또는 자신을 위한 행동의 능력 또는 일정한 사무의 범위를 말한다. 즉 권한이란 주체에 초점이 맞추어져 있는 것이 아니라 행위 또는 사무에 초점이 맞추어져 있는 것이다. 예컨대, '경찰서장의 권한' 또는 '세무서장의 권한'이라고 할 때, 경찰서장과 세무서장이 적법하고 유효하게 행할 수 있는 공무수행의 범위를 의미하는 것이다. 다른 경찰서 또는 세무서 소속 공무원에 대한 직무감독은 그의 권한범위에 속하지 않는다. 경찰서장의 경우 경범죄처벌법 위반자를 즉결심판에 회부하는 것은 그의 권한에 속하지만, 살인죄 피의자를 훈방하는 것은 그의 권한범위에 속하지 않는다. 권리는 직접 자기의 이익을 추구하는 것이라면, 권한은 직접 자기의 이익을 추구하는 것은 아니라는 점에서도 차이가 난다. 따라서 소비자가 마음에 들지 않는 물건의 환불을 요구하는 것은 권리가 되지만, 경찰관이 음주운전을 단속하는 것은 권리가 아니라 권한이 되는 것이다.

Ⅳ. 권 력

권력이란 권력을 가진 자가 그렇지 않은 다른 사람을 강제 또는 지배할 수 있는 법률상의 힘을 말한다. 즉, 타인과의 관계에서 그 타인에게 명령을 내릴 수 있는 힘이다. 권력에는 일정한 권한이 전제되어 있다. 예컨대, 지방자치단체의 장인 시장은 소속공무원에 대한 인사권(한)과 지휘감독권(한)을 가진다. 그 권한에 기초해서, 다른 지역으로의 전보명령을 내릴 수도 있고, 일정한 직무를 수행하라고 지시할 수도 있는 것이다. 권력은 그 사무를 물리적으로 실행하는 힘이다. 권력이 있음으로 인하여 어떤 이익을 주거나 불이익을 가할 '힘'이 있게 되어 타인을 지배할 수 있게 되는 것이다.

제 7 장

권리와 의무의 주체 및 권리능력

::: 사 례 ::::::

갑(甲)은 임신 6개월 즈음에 횡단보도를 건너던 중 을(乙)의 운전 부주의로 승용차에 치어 중상을 입게 되었고, 이로 인하여 뱃속에 있는 태아(胎兒) 병(丙)에게도 충격을 주게 되었다.

(1) 이 사고로 인하여 태아 丙에게 신체적 손해가 발생하였음이 의사의 진단이 있을 경우에 甲은 태아 丙이 태어나기 전에도 태아의 대리인으로서 乙에게 손해배상을 청구할 수 있는가?

(2) 이 사고의 충격으로 인하여 태아가 조산되고 또 그로 인하여 제대로 성장하지 못하고 신체장애가 있을 경우에는 丙은 乙에 대하여 불법행위에 기한 손해배상청구를 할 수 있는가?

Ⅰ. 권리능력의 의의

권리란 사람이 일정한 사회생활에서 개인이 재산적, 신체적, 정신적 이익을 누릴 수 있도록 인정되는 법이 부여한 힘을 말한다(권리법력설). 이러한 권리를 향유할 수 있는 주체가 될 수 있는 것을 권리능력이라 한다. 또한 반대로 의무의 주체가 되기도 한다. 권리능력에 관한 규정은 강행규정으로서 성별. 연령. 계급. 직업 등에 따라 다르게 부여하거나 제한할 수 없다(권리능력평등의 원칙). 사람은 생존한 동안 누구나 권리와 의무의 주체가 된다(민법 제3조). 즉 자연인은 출생시 권리능력을 취득하고 사망시 권리능력은 상실된다. 그리고 법인(法人)은 설립등기시 권리능력(법인격)을 취득하고 사실상 청산절차 종료시 법인격은 소멸한다.

Ⅱ. 권리능력의 시기(始期)

1. 출생의 시기

사람은 출생시 권리능력을 취득하므로 태아에게는 권리능력이 없음이 원칙이다. 그러나 예외적으로 우리 민법은 중요한 법률관계에 관한 사항에 대하여는 개별적으로 열거하여 태아의 권리능력을 인정하고 있다(개별적 보호주의). 권리능력을 취득하는 시점인 출생을 언제로 볼 것인가에 대하여 진통설(형법상 영아살해죄는 이설에 입각함). 일부노출설. 전부노출설(다수설). 독립호흡설 등이 있다. 민법상 권리능력이 인정되기 위해서는 태아가 모체에서 전부노출된 후 극히 짧은 순간이나마 살아 있어야 한다. 출생신고는 가족관계의 등록 등에 관한 법률에 따라 1개월 이내에 신고를 하여야 하며, 이는 행정상 편의에 의해 가족관계등록부에 기재함으로써 출생에 관한 사항을 추정할 뿐이지 권리능력의 취득시기는 아니다.

2. 태아의 권리능력

자연인의 권리능력은 출생시에 취득되므로 태아에게는 권리능력이 인정되지 않는다. 그러나 이러한 원칙에만 따르게 된다면 태아인 동안에 父가 살해당하거나 임산부의 사고로 태아가 기형아로 출생 후 손해배상을 청구할 수 없는 결과로 되고, 父가 사망한 지 몇 시간 후에 출생한 子는 상속권이 없는 것으로 되어, 태아에게 너무나 불이익하거나 공평에 반하는 결과를 가져오게 된다. 따라서 일정한 사항에 대하여서는 태아인 동안에도 권리능력을 인정하여 그의 이익을 보호할 필요가 있다.

태아의 법률상 지위인 권리능력의 인정여부에 대하여 정지조건설과 해제조건설이 대립되고 있는데, 정지조건설은 태아인 동안은 아직 권리능력을 취득하지 못하고, 살아서 출생한 때에는 문제의 사건이 발생한 시기(불법행위의 사고시 또는 상속이 개시된 피상속인 사망시)까지 소급하여 권리능력의 취득의 효과를 인정하자는 견해이다(소수설. 판례입장). 이 견해는 태아가 사산(死産)하더라도 타인에게 불측의 손해를 줄 염려는 없으나, 태아인 동안에 법정대리인이 존재할 수 없고, 태아가 취득 또는 상속받을 재산을 보존이나 관리가 되지 않아 태아를 보호할 수 없다는 단점이 있다. 이에 반하여 해제조건설은 태아인 동안에도 문제가 되는 사실이 발생한 때(피상속인의 사망이나 임신중의 사고시)에 태아는 그 일정한 사항과 범위 내에서는 제한된 권리능력을 가지며, 만약 사산인 때에는 그 권리능력의 취득의 효과를 과거의 문제의 사실이 발생시까지

소급하여 소멸시키자는 견해이다(다수설의 입장). 이 견해에 의하면 태아의 법정대리인이 존재할 수 있고, 태아의 조건부 권리를 보존·관리할 수 있어 태아는 보호되나, 태아가 사산하거나 쌍생아가 태어날 경우에 상대방과 제3자에게 불측의 손해를 주게 되어 법률관계를 복잡하게 한다는 단점이 있다. 즉 진정상속인으로부터 상속회복청구가 있게 되기 때문이다.

Ⅲ. 태아의 권리능력이 인정되는 개별규정

1. 불법행위에 기한 손해배상청구권

태아는 불법행위(민법 제750조)에 기한 손해배상청구권에 관하여는 이미 출생한 것으로 본다(민법 제762조). 즉 직계존속의 생명을 침해한 자에 대한 위자료청구권(민법 제752조)과 모체(母體)에 대한 위법한 약물투여로 인하여 태아가 기형으로 된 경우 등 태아 자신이 입은 불법행위에 대한 손해배상청구권(민법 제750조)을 의미하는 것으로 해석된다(대법원 1967.9.26 선고 67다1684 판결; 대법원 1968.3.5 선고 67다2869 판결).

2. 법정상속

재산상속에 있어서 태아는 상속순위에 관하여 이미 출생한 것으로 본다(민법 제1000조 제3항). 또한 태아는 상속권으로부터 파생된 유류분권(遺留分權)도 가진다고 해석되므로 그 법정상속분의 2분의 1을 유증(遺贈)을 받은 자에게 그 재산의 반환을 청구할 수 있다(민법 제1112조, 제1115조). 그리고 상속권자가 상속받기 전에 사망한 경우에 그의 자녀와 배우자에게 상속권이 승계되는 제도인 대습상속(代襲相續)에 관하여 일반상속권의 규정을 유추적용하여 태아에게도 인정한다.

3. 유 증

유언자의 유언에 의하여 재산을 물려주는 유증(遺贈)에 관하여도 출생한 것으로 본다(민법 제1064조). 그러나 사인증여(死因贈與)에 있어서는 태아의 권리능력을 부정하여 사인증여계약의 효력을 부정하는 견해(판례, 소수설)와 인정하는 견해(다수설)가 대립되고 있다.

4. 인 지

부(父)는 태아를 인지(認知)할 수 있다(민법 제858조). 즉 부는 혼인 외의 포태(胞胎)중인 태아(子)를 자기의 子로 승인하며 살아서 출생하는 것을 조건으로 하여 친자관계를 발생하게 할 수 있다. 그러나 반대로 태아는 父에 대하여 인지를 청구할 수 없으므로 父에 대하여 성장에 필요한 비용을 청구할 수 없다고 보는 견해(이영준, 백태승 교수 등 다수설)와 태아 보호의 필요가 있는 경우에는 이를 인정하자는 견해(이은영 교수)로 나누어지고 있다.

Ⅳ. 권리능력의 종기(終期)

1. 사 망

자연인의 권리능력은 생존한 동안 누구나 존재하나, 사망과 함께 소멸한다(민법 제3조). 사망에 의하여 상속이나 유언의 효력이 발생하게 되고, 잔존배우자의 재혼, 보험금수취권 등의 여러 가지 법률문제가 발생하므로 언제 사망으로 볼 것인가의 시점은 중요한 의미를 가진다. 사망의 시점은 호흡과 심장이 영구적으로 정지한때로 보는 견해(맥박정지설, 통설)와 장기이식 등 의학의 발달로 심장은 아직 움직이고 있다고 하더라도 뇌의 기능이 영구적으로 멈춘 때를 사망의 시점으로 보는 견해(뇌사설)가 있다.

2. 인정사망(認定死亡)제도

수해, 화재나 그 밖의 재난으로 인하여 사망한 사람이 있는 경우에는 이를 조사한 관공서는 지체 없이 사망지의 시·읍·면의 장에게 통보하여야 하며(가족관계의 등록 등에 관한 법률 제87조), 이에 기하여 가족관계등록부에 사망의 기재가 되는 것을 인정사망제도이다. 이 기재는 사망을 추정(推定)한다는 점에서 사망을 간주(看做)하는 실종선고제도와는 다르다.

3. 동시사망(同時死亡)추정제도

2인 이상이 동일한 위난으로 누가 먼저 사망한지를 알 수 없는 경우에는 동시에 사망한 것으로 추정(推定)한다.

4. 실종선고제도

전쟁, 비행기추락, 선박침몰, 기타 위난(종료시부터 1년)이나 장기간 소식(마지막 소식이 있은 때로부터 5년) 등으로 사망이 확실하지는 않으나 그 개연성이 상당히 높은 경우에 실종자의 이해관계인이나 검사의 법원에 실종선고청구에 의하여 6월간 공시최고 하고, 실종자가 사망한 것으로 간주하는 제도이다(민법 제27조). 이 제도는 실종자의 종래의 주소 또는 거소를 중심으로 하는 사법(私法)관계를 사망으로 의제하여 처리하는 데 그칠 뿐, 권리능력 자체를 박탈하기위한 제도는 아니다. 즉 상속이나 잔존배우자의 재혼문제를 해결하기 위한 것이므로 실종선고를 받은 자가 생존하여 새로운 주소지에서 법률관계를 형성하거나, 종래의 주소지에 귀환하여 새로이 맺은 법률관계에는 사망의 효과가 미치지 않으며, 공법상의 법률관계인 선거법상 선거권 등에는 영향을 미치지 않는다.

Ⅴ. 위 사례의 해결

위 (1)의 사례에서 다수설인 해제조건설에 따른 다면 태아인 丙에게도 권리능력이 있는 것으로 보고, 甲이 丙의 법정대리인으로서 乙에게 불법행위(민법 제750조)에 기한 손허배상청구권을 대신할 수 있다. 그러나 판례와 소수설의 입장인 정지조건설에 의하면 태아인 丙은 권리능력이 인정되지는 않지만, 태아인 丙이 살아서 출생하면 그의 권리능력 취득의 효과가 문제의 사건이 발생한 시점으로 소급하게 된다. 따라서 丙이 태아인 동안에는 甲은 법정대리인으로서 乙에게 직접 불법행위에 기한 손해배상청구를 할 수 없고, 태아인 丙이 살아서 출생한 경우에는 교통사고 발생시점으로 소급하여 乙의 불법행위에 대한 손해배상청구권을 가지며, 법정대리인이 그 권리를 대리하여 청구할 수 있다.

위 (2)의 사례에서도 판례에 의하면 丙의 조산과 신체장애에 대한 손해배상을 그의 법정대리인이 교통사고 발생시로 소급하여 乙에게 청구할 수 있다.

제 8 장

불법행위와 손해배상

::: 사 례 ::::::

우리 민법 제750조의 "고의 또는 과실로 인한 위법행위로 타인에게 손해를 가한 자는 그 손해를 배상할 책임이 있다."라는 규정하고 있다. 즉, 불법행위(위법행위)를 한 자에게 그 손해에 대하여 배상책임을 묻게 하고 있다. 이 경우 불법행위는 어떻게 성립되고 그 손해에 대해서는 무엇으로 어떻게 배상을 하여야 하는가?

I. 불법행위의 성립과 그 효과

현대사회는 각종 사고로 인한 위험에 노출되어 있다. 우리가 흔히 생각할 수 있는 것이 교통사고, 산업재해, 의료사고, 환경오염사고, 제조물의 결함에 의한 피해 등이다. 이러한 사고가 발생하였을 경우 그 손해를 어떻게 합리적으로 분배하고 피해자에게 어떻게 그 손해를 보전시켜 주어야 하는 것을 정하는 것이 불법행위에 의한 손해배상청구이다. 민법에서 정하고 있는 이와 같은 불법행위는 범죄에 의하여 처벌을 형법상의 위법행위와는 별개의 것이다. 예컨대, 교통사고를 야기한 자가 자동차의 손상과 사람을 사망에 이르게 하였을 경우에는 민법상의 불법행위도 되고 형법상의 살인죄도 구성하게 된다. 이 경우 민법상의 손해배상은 물론 형법상 처벌도 받게 된다. 여기서는 민법상의 경우만 설명한다.

1. 불법행위의 성립요건

불법행위의 성립요건에 대해서 살펴본다. 불법행위의 성립요건으로는 가해자 혹은 손해를 야기하는 자의 첫째, 고의 또는 과실, 둘째 책임능력, 셋째 위법성, 넷째 손해의 발생 등의 4가지가 필요하다.

1) 가해자의 고의 · 과실

우리 민법 제750조에 의하면, 고의 또는 과실에 의하여 타인에게 손해를 준 경우에만 가해자의 손해배상책임이 발생한다. 가해자는 자신의 고의 또는 과실 있는 행위에 대해서만 책임을 진다는 의미에서 이를 흔히 과실책임주의라 하며, 타인의 행위에 대해서는 책임을 지지 않는다는 점에서 자기책임의 원칙이라고도 한다.

고의란 예를 들어 돌을 던지면 상대방에게 상처를 줄 것을 인식하는 것처럼 자기의 행위가 특정인에게 손해가 발생하리라는 것을 알면서 이를 행하는 심리상태를 말하며, 과실이란 예를 들어 과속을 하게 되면 사고에 의한 손해가 발생한다는 것을 알고 있어야함에도 불구하고 자기에게 부과된 주의의무를 게을리하였기 때문에 어떤 행위를 하는 심리상태를 말한다. 과실에는 부주의의 정도에 따라 중과실(현저히 심한 부주의)과 경과실(다소 주의를 결하는 것)로 나뉜다. 형법에서는 원칙적으로 고의의 경우만을 처벌하고 과실의 경우에는 처벌하지 않거나 처벌 정도가 약하기 때문에 고의와 과실의 구별이 중요하다. 그러나 민법에서는 고의·과실의 구별이 중요하지 않다. 즉, 고의에 의한 손해의 발생이든 과실에 의한 손해의 발생이든 다 배상하여야 하는 것이다.

우리 민법에서는 가해자의 고의 또는 과실로 타인에게 손해를 입힌 경우에 손해배상의 책임을 지게 하는 '과실책임주의'를 원칙으로 삼고 있으나. 예외적·제한적으로 타인의 손해에 고의는 물론 과실로 그 행위를 하지 않았다 하더라도 책임을 지게 하는 '무과실책임주의'를 인정하고 있다.

보충자료

▸ **무과실책임주의**

근대민법이 원칙으로 삼고 있는 자기의 과실로 입증되는 경우에만 책임을 지는 과실책임주의는 개인의 자유로운 활동을 최대한으로 허용하는 것을 이상으로 하여 등장하게 되었다.

그러나, 자본주의 발달과 더불어 현대기업의 활동은 거대하고 복잡한 인적·물적 조직을 기반으로 하여 이루어지고 있는 것이므로 대기업의 고의·과실의 존재에 대하여 그 증명이 매우 곤란한 경우가 생겨 과실책임주의 원칙으로는 피해자의 피해를 배상해 주기 어렵게 되었다. 따라서 피해자에 대한 배상을 보장하기 위해서는 과실이 없어도 책임을 져야 할 경우를 인정하는 무과실책임주의가 도입되었다.

▸ **무과실책임주의 예**

[사례] 공장근로자로 근무하는 갑은 기계공작작업 중에 잠시 한눈을 팔다가 자신의 손가락에 심한 상처를 입고 4주간의 진료를 받아야 하는 진단을 받았다면 누가 치료비를 부담하여야 하는가?

[사례의 해결]

오늘날 이러한 공장에서의 사고가 빈번하게 발생하고 있다. 이를 흔히 산업재해라고 한다. 비록 근로자가 한눈을 팔았다고 하나 기계작동의 경우 위와 같은 사고의 발생을 충분히 예상할 수 있다. 즉 공작물에 의한 사고의 경우 그 소유자의 과실이 전혀 없다는 것을 증명하는 것은 어려운 문제이다. 따라서 이러한 경우에는 무과실책임주의를 도입하여 근로자의 피해에 대하여 근로자자신이 책임을 지는 것이 아니라, 공장의 소유자가 져야 하는 것이다. 이러한 산업재해는 현대사회에서 자주 발생하는 것이므로 그 배상을 국가적 차원의 문제로 하고 있다 이에 대한 것이 바로 산업재해배상이다. 즉 일정한 수의 종업원을 가지는 기업체는 의무적으로 산업재해보험에 가입하여야 하고, 국가는 그 재원으로 산업현장에서의 근로자의 사고에 대하여 배상을 하고 있다. 그 공장이 이러한 보험에 가입하고 있다면 갑은 산업재해보험에 의하여 치료를 받을 수 있다.

우리나라의 판례도 "공작물의 설치 또는 보존에 하자가 있어 타인에게 손해를 입혔을 경우 1차적으로 그 공작물의 점유자로 하여금 배상책임을 부담시키고 그 점유자가 손해발생의 방지에 필요한 주의를 하였을 때에는 2차적으로 그 공작물의 소유자로 하여금 그 배상책임을 부담시키되 그 소유자의 책임에 관하여는 고의, 과실 등의 면책조건을 인정치 아니할 뿐만 아니라 그 하자로 인한 것인 이상 자연력이나 피해자 드는 제3자의 행위가 그 공동원인이 되었을 때라도 점유자 또는 소유자로 하여금 배상책임을 부담시키는 것이다."라고 하여 무과실책임을 인정하고 있다(대법원 1991.12.24. 선고 91다29767 판결). 이러한 무과실책임주의는 그 영역을 점점 넓혀가고 있다. 예컨대, 학교에서의 사고, 환경오염사고, 제조물책임 등도 이러한 예에 해당한다.

보충자료

▸ **업무상 주의의무의 구체적 사례**

① 자동차운전자의 주의의무
- 정비: 사고 방지의 의무
- 교차로 통과시: 전후좌우 주시의무
- 운전석 이석시: 안전조치의무

② 의사의 주의의무
- 의사라는 직업인으로 요구되는 의학수준, 의료관행, 긴급성, 환자의 특이체질 등을 고려하여야 하는 주의의무

③ 열차기관사의 주의의무
- 사고를 미연에 방지할 업무상의 주의의무 및 운행시에는 안전운행이라는 직무상의 주의의무

④ 위험물취급자의 주의의무
- 발파작업시 주변의 안전상태 확인
- 발파작업 후 폭발되지 않은 뇌관 수거의무

⑤ 학교에서의 위험방지의무
- 학교의 체육, 훈련, 수업 중의 안전사고에 대한 주의의무

2) 책임능력

고의·과실은 손해배상의 첫 번째의 성립요건이다. 그렇다 하더라도 자기의 행위의 책임을 인식할 수 있는 일정한 판단능력을 갖

추어야 그 책임을 물을 수 있게 된다. 이러한 판단능력을 '책임능력'이라 한다. 예컨대, 미성년자, 심신장애자(정신병자)와 같이 이러한 판단능력을 가지지 못한 자(책임무능력자)가 행한 불법행위는 손해배상책임이 없으나, 그 책임은 보호자나 감독의무자가 대신 책임을 진다. 즉, 책임무능력자의 행위는 위법성을 면할 수는 있으나, 그로 인한 손해는 어떠한 형태로든 배상이 이루어지게 된다.

3) 위법성

타인에 대한 가해행위는 위법한 것이어야 한다. 즉, 위법성 내지 위법행위라 함은 가해행위가 객관적으로 보아 권리침해 여하를 불문하고 위법이며 타인의 이익을 침해하는 경우를 말한다. 그러나 비록 손해를 가하더라도 그것이 법률상 허용되는 요건을 갖춘 행위가 되는 경우에는 위법성이 없다. 예를 들어 정당방위, 긴급피난, 자력구제, 사무관리, 정당행위 등의 사유가 있을 경우에는 위법성이 조각된다. 이때에 발생한 손해배상은 원인제공자가 부담한다. 다만, 위법성의 조각사유의 입증책임은 가해자가 부담하여야 한다.

보충자료

▸ **위법성 조각사유**

· **정당방위**: 예를 들어, 폭행을 가하려는 자에게 구둣발로 정강이를 차서 넘어뜨리는 것처럼 타인의 불법행위에 대하여 자기 또는 제3자의 이익을 방위하기 위하여 부득이 타인에게 손해를 가한 자는 책임이 없다.

· **긴급피난**: 예를 들어, 투견이 물려고 하자 다른 사람의 주거에 무단으로 침입하는 것처럼 급박한 위난을 피하기 위하여 부득이 타인에게 손해를 가한 경우에 정당방위에 관한 규정을 준용한다. 정당방위와의 차이점은 정당방위는 위법한 침해에 대한 반격이나, 긴급피난은 위법하지 않은 침해에 대한 피난이라는 점이다.

· **자력구제**: 예를 들어, 채무자가 몰래 해외로 도주하려고 하는 경우 채권자가 이를 저지하는 것처럼 청구권을 보전하기 위하여 국가기관의 구제를 기다릴 여유가 없는 경우에, 권리자가 스스로 자력으로서 구제하는 행위를 말한다.

· **피해자의 승낙**: 예를 들어, 자신을 인생을 살아갈 가치도 없다면서 뺨을 때려달라고 하는 것서처럼 피해자의 승낙이 있으면 원칙적으로 위법성이 없어진다. 다만 그 전제조건으로 피해자가 승낙의 의미를 이해할 만한 정신능력이 있고 자유스러운 판단에 의해야 하며, 또 그 승낙이 사회질서에 위반되지 않아야 한다.

· **정당행위**: 각종의 권리의 정당한 행사도 위법성을 면한다. 예컨대, 친권자 또는 후견인의 징계행위, 교원의 학생에 대한 징계행위 등은 위법성이 없다.

4) 손해의 발생

불법행위가 성립하려면 가해행위로 인한 손해가 발생되어야 한다. 손해란 피해자가 평온하게 누리고 있는 생명, 신체, 자유, 명예, 정조, 성명, 피해자 소유의 물건이나 권리 등의 재산적 이익 등에 대하여 피해를 가하는 것이다. 여기에는 정신적 피해도 포함된다. 가해행위와 손해발생과의 사이에 상당한 인과관계가 있어야 한다. 인과관계란 일반적으로 어떤 선행사실(원인)과 후행사실(결과)과의 필연적 관계를 가리킨다. 어느 행위가 일정한 효과를 나타냈을 경우에 행위자의 책임을 전제로서 인과관계가 문제된다. 여기에는 두 가지 설이 있다.

2. 불법행위의 효과

불법행위에 의하여 피해를 당한 자는 손해배상청구권을 가진다. 그 내용은 피해를 입기 전 상태로의 회복(원상회복)이 원칙이다. 한번 피해를 입는 경우에 사실상 원상회복이 불가능한 것이므로 그 배상은 금전배상으로 한다. 피해자의 명예를 훼손한 경우는 사죄광고의 방법으로도 배상하게 한다. 배상의무자는 원칙적으로는 가해자인데, 특수불법행위에서는 가해자 이외의 사람에게 배상의무가 과하여질 경우가 있다.

Ⅱ. 불법행위와 손해배상

불법행위에 대하여 그 배상을 하게 하는 것은 손해를 공평하게 분배하는 것이다. 손해배상은 일정한 사건에 의하여 타인에게 입힌 손해를 전보하고, 손해가 발생하지 않은 것과 똑같은 상태로 원상 복귀시키는 것을 말한다. 대부분 대부분의 손해배상청구권의 발생 원인은 이러한 불법행위이다.

1. 손해배상의 방법

손해배상의 방법에는 원칙적으로 다음과 같은 방법이 있다. 첫째, 당사자간에 다른 의사 표시가 없는 한, 재산적 손해이든 정신적 손해이든 간에 손해는 금전으로 배상함을 원칙으로 하며(금전배상의 원칙), 또한 일시금 배상을 원칙으로 한다. 둘째, 타인의 명예를 훼손한 자에 대하여는 법원은 피해자의 청구에 의하여 손해배상을 명하거나 손해배상과 함께 명예회복에 대한 적당한 처분을 명하고 있다.

2. 손해배상의 범위와 배상액의 산정

1) 손해의 종류

손해는 배상 원인에 의해 적극적 손해와 소극적 손해, 배상방법에 의해 금전적 배상과 정신적 배상이 있다. 적극적 손해는 소유물의 멸실, 비용의 지출, 치료비의 부담과 같이 기존의 이익이 상실된 손해를 말하며, 소극적 손해는 수입의 감소처럼 장래 얻을 것으로 기대되던 수익이 상실된 손해를 말한다.

2) 손해의 배상

재산적 손해의 배상과 정신적 손해의 배상이 있다. 재산적 손해의 배상의 경우에는 첫째, 적극적 손해가 발생하는 소유물의 멸실은 당시의 교환가격으로, 훼손은 당시의 수선비로 배상하여야 하고, 불법점거는 점유부분의 차임상당액을 배상하여야 한다. 기타 치료비, 입원비, 장례비 등도 적극적 손해에 대한 배상에 속한다. 둘째, 소극적 손해로서는 적극적 손해의 계산요소는 수입액, 노동능력 상실률, 가동연령의 세 가지이다. 이 세 가지 요소를 곱한 수치를 기초로 하여 중간 이자를 공제하고 과실 상계를 거쳐 나온 액수에 이자를 붙여서 최종 배상액이 결정된다.

정신적 손해의 배상은 흔히 위자료라 하는데, 불법행위를 통해 타인의 재산권과 비재산권에 침해를 줌으로써 재산적 손해 이외에 정신적 손해를 준 경우에도 배상해야 한다.

3) 배상액의 합의

불법행위로 인해 손해배상청구권이 발생하였을 경우 당사자간에 그 배상액에 합의하는 것을 배상액의 합의라 한다. 특히 교통사고로 인한 배상금합의는 공소제기를 저지하는 효과를 가져오는 것이므로 실제에 있어 빈번히 사용한다. 배상액합의에 있어 문제가 되는 것은 배상액합의 이후에 심각한 후유증이 생기는 경우이다. 이 경우 우리 민법의 판례는 합의 당시에는 예측할 수 없었던 손해가 생기고 합의된 액수와 현실적으로 발생된 손해 사이에 현저한 차이가 생긴 경우에 후발손해에 대한 배상을 인정하고 있다(대법원 1993.4.9. 선고 93다180 판결).

보충자료

▸ 특수한 불법행위의 종류

특수한 불법행위는 일반 불법행위와는 다른 특수한 성립요건이 정하여져 있는 불법행위를 말한다. 우리 민법에 규정되어 있는 특수한 불법행위 종류로는 책임무능력자의 감독자책임, 사용자의 책임, 공작물 등의 점유자·소유자 책임, 동물 점유자의 책임, 공동불법행위 등이 있다.

1. 책임무능력자의 감독자책임

예를 들어 만 10세인 초등학생이 이웃집 유리창을 깨는 행위처럼 미성년자나 심신상실자처럼 책임무능력자가 제3자에게 가해행위를 함으로써 준 손해에 대해서는 이들 책임무능력자를 감독하는 자(예: 친권자)인 그이 아버지가 배상책임을 지게 하는 것이다.

2. 사용자의 책임

타인을 사용하여 어느 사무에 종사하게 한 자는 피용자가 그 사무집행에 관하여 제3자에게 손해를 준 때에 그 피용자의 선임 및 사무감독을 게을리하지 않았음을 입증하지 못하면 그 손해를 배상할 책임이 있다. 예를 들어서 주유소에 고용된 종업원이 오물을 투기하였을 경우 그 소유자가 책임을 지는 것이다.

3. 공작물 등의 점유자 · 소유자 책임

공작물의 설치 또는 보존의 하자로 인하여 타인에게 손해를 가한 때에는, 제1차로 그 공작물의 점유자가 배상책임을 지되, 그가 손해의 방지에 필요한 주의를 게을리하지 아니한 때에는, 제2차로 소유자가 배상책임을 진다. 예를 들어 빌딩의 수리를 도급맡은 건설회사의 종업원이 부주의로 때마침 길을 지나가던 사람에게 상해를 가하였다면 그 책임은 건설회사가 지는 것이다.

4. 동물 점유자의 책임

동물의 점유자는 동물의 종류와 성질에 따라 그 보관에 상당한 주의를 게을리 하지 않았음을 입증하지 못하는 한, 그 동물이 타인에게 가한 손해를 배상할 책임이 있다. 점유자에 대신하여 동물을 보관하는 자도 동일한 책임을 진다. 예를 들어 개가 길가는 사람을 물었다면 그 소유가 배상책임을 지는 것이다.

5. 공동불법행위

여러 명이 공동으로 불법행위를 하여 타인에게 손해를 주는 경우를 공동불법행위라 한다. 여러 명이 공동불법행위로 타인에게 손해를 가한 때에는 연대하여 손해를 배상할 책임이 있고 공동 아닌 여러 명의 행위 중 어느 자의 행위가 그 손해를 가한 것인지 알 수 없을 때에도 연대하여 그 손해를 배상할 책임이 있으며 교사자나 방조자도 공동행위자로 보아 연대배상책임을 부여하고 있다.

제 9 장

헌법의 개정

::: **사 례** ::::::

우리 헌법 제128조 제2항에는 '대통령의 임기연장 또는 중임변경을 위한 헌법개정은 제안 당시의 대통령에 대해서는 효력이 없다." 라고 규정하고 있다. 국회의 다수당인 여당은 이 조항을 개정하여 "대통령의 임기를 4년으로 하되 1차에 한하여 중임할 수 있다.'라고 개정하고 제안 당시의 대통령에게도 개정헌법을 적용하려 한다. 이러한 헌법개정이 가능한가?

Ⅰ. 사례의 해결

헌법 제128조 제2항은 대통령의 임기연장이나 중임변경을 위한 헌법개정 그 자체를 금지하는 것이 아니라는 점에서 헌법개정의 한계 그 자체를 규정한 것은 아니고, 단지 헌법개정의 효력을 제한하는 규정일 뿐이다. 따라서 헌법개정의 한계를 부인하는 한계부정설이나 한계를 인정하는 한계긍정설의 경우에도 개정 그 자체에 대해서는 이론이 없다. 따라서 "대통령의 임기를 4년으로 하되 1차에 한하여 중임할 수 있다."라고 하는 헌법개정 그 자체는 아무런 문제도 발생하지 않는다. 다만 이 사례에서 보는 것처럼 "대통령의 임기를 4년으로 하되 1차에 한하여 중임할 수 있다."라고 하는 헌법개정의 효력을 제안 당시의 대통령에게 인정하여 곧바로 적용하려는 경우에 있어서는 문제가 된다.

헌법 제128조 제2항은 과거 불행했던 우리 헌정과 민주주의 퇴행을 가져 온 원인이 대통령의 장기집권과 독재에 있었다는 역사적 경험을 바탕으로 하여 규정되었다. 동 조항은 무엇보다도 대통령의 장기집권을 위한 개헌을 미리 차단하기 위한 규정이다. 이러한 근본취지에서 본다면 헌법 제128조 제2항의 개정을 통해 제안 당시의 대통령에게 임기연장이나 중임변경을 위한 헌법개정의 효력을 인정하게 된다면 우리 헌정의 뼈아픈 역사적 경험을 근본적으로 부정하게 되는 것이다. "대통령의 임기를 4년으로 하되 1차에 한하여 중임할 수 있다."라고 하는 헌법개정의 효력을 제안 당시의 대통령에게 인정하려는 목적으로 하는 헌법개정은 제안 단계부터 이미 헌법 제128조 제2항에 반하여 무효로 보아야 한다. 따라서 이 사례의 헌법개정은 위헌·무효가 되는 것으로서 허용될 수 없다. 만약에 "대통령의 임기를 4년으로 하되 1차에 한하여 중임할 수 있다."라고 하는 헌법개정을 먼저 하고나서 나중에 제안 당시의 대통령에게도 효력을 인정하려는 시도를 하는 경우에는 헌법개정 그 자체는 아무런 문제가 되지 않지만, 그 적용에 있어서는 역시 위헌·무효가 된다. 이 경우 동 조항은 개정된 헌법의 효력의 인적(적용)범위를 제한하는 규정으로서의 의미를 가지게 된다.

보충자료 헌법의 개정

▸ 우리나라 헌법개정의 절차

1. 헌법개정안의 제안 및 의결

헌법개정은 그 개정안을 대통령이 국무회의를 거쳐 제안하거나 국회의원이 그 재적과반수의 발의로 제안한다(헌법 제128조 제1항). 제안된 헌법개정안은 대통령이 20일 이상의 기간 그 제안된 사실을 기재하고 공고한다(제129조). 헌법개정안은 공고일로부터 60일 이내에 국회에서 기명투표로서 재적의원 3분의 2 이상의 찬성으로 의결되어야 한다(제130조 제1항). 우리 헌법은 이처럼 헌법개정안의 제안을 대통령과 국회로 이원화하고 있으며, 국회의 의결을 기명투표로 하는 것은 개정안에 대한 신중성과 역사성을 담보하기 위한 것이다.

2. 국민투표

국회에서 의결된 헌법개정안은 그 의결 후 30일 이내에 국민투표에 회부된다. 헌법개정은 국회의원선거권자 과반수의 투표와 투표자 과반수의 찬성을 얻어야 확정된다(헌법 제130조 제2항, 제3항). 확정된 헌법개정안은 공포 즉시 효력을 가진다.

▸ 우리나라 헌법 제128조 제2항의 개정허용 여부

우리 헌법 제128조 제2항에는 “대통령의 임기연장 또는 중임변경을 위한 헌법개정은 제안 당시의 대통령에 대해서는 효력이 없다."라고 명문으로 규정하고 있는데, 이를 개정하여 헌법개정 제안 당시의 대통령에 대해서도 임기연장이나 중임변경을 위한 헌법개정의 효력이 있도록 할 수 있는지 여부에 대해서 한계긍정설과 한계부정설의 논리에 비추어 보면 그 효력이 각각 다르게 나타나게 된다.

1. 헌법개정의 한계를 부인하는 입장에서는 헌법개정절차에 의하면 어떠한 헌법조항이나 내용의 개정도 할 수 있다고 본다. 따라서 성문헌법이 개정을 금지하는 일정한 조항을 명기하고 있는 경우에도 법리상으로 개정절차를 통하여 그 금지규정 자체를 개정하는 것이 가능하므로 헌법개정 제안 당시의 대통령에 대해서도 임기연장이나 중임변경을 위한 헌법개정의 한계가 되는 제128조 제2항의 개정은 당연히 가능하게 된다.

2. 이에 반하여 헌법개정의 한계를 인정하는 입장에서는 여러 가지 논의가 가능하여 진다. 즉, 헌법 제128조 제2항은 자연법의 수용이라 할 수 없는 것이고 또 이 조항의 개정에 의해 헌법의 동일성이 상실된다고 볼 수 없을 것이므로 동 조항의 개정 그 자체는 가능하다 고 할 것이다. 반면에 헌법개정의 한계를 헌법제정권력과 헌법개정권력의 구별에서 찾는 입장에서는 동 조항이 대통령의 장기집권을 통한 독재를 막기 위한 헌법제정권력주체의 근본결단[1)]으로 보아 헌법개정 제안 당시의 대통령에 대하여 임기

1) 이를 근본결단이라 할 수 있을 것인가에 대하여는 다툼이 있다. 이 조항이 처음으로 규정된 1980년의 헌법개정(제5공화국 헌법)과 이를 수용한 1987년 현행 헌법개정을 헌법제정으로 보지 않고 헌법개정으로 보는 경우에 이 조항은 헌법제정권력주체의 결정이 아니게 된다. 그러나 1980년 헌법개정과 1987년 헌법개정은 형식에 있어서 헌법개정이나 유신독재의 종식과 권위주의체제에 대한 6월 항쟁의 결과이며 그 실질에 있어서 헌법제정이라고 보아야 한다는 것이다. 이 경우 이 조항은 헌법제정권력주체의 근본결단이 되는 것이다. 생각건대, 이 조항은 형식적으로는 헌법개정이지만, 실질적 헌법제정으로 보

연장이나 중임변경을 위한 헌법개정은 인정되지 않는다는 것이다. 그러므로 동 조항은 헌법개정한계조항으로 보아야 한다는 것이다.

아도 될 것이다.

▌생활법률▌

제 1 장

자살과 관련된 죄

::: 사 례 ::::::

대학생인 A군과 B양은 입학하자 마자 신입생OT에서 만나 사귀게 되었다. 둘은 학과에서 부러워할 정도로 좋은 만남을 유지했다. 그러던 어느 날 A군의 고향에서 내려온 C양이 나타났다. A군과 6년째 만남을 이어오고 있는 C양은 B양에게 A군과 헤어질 것을 요구했다. B양은 '죽었으면 죽었지 헤어지지는 못하겠다'고 대답하자 C양은 B양에게 석유와 1회용 가스라이터를 건네주면서 '죽을 자신이 있으면 죽어라'라고 했다. 그러자 B양은 자신의 몸에 스스로 석유를 뿌리고 불을 붙여 그 자리에서 사망하였다. C양은 무슨죄에 해당할까?

▌사안의 해결

자살은 스스로 본인의 목숨을 끊는 것을 말한다. 이러한 자살은 스스로의 판단에 의해 이루어진 것이라 형법상 구성요건해당성이 없기 때문에 처벌을 할 수 없다. 하지만 외부적인 요인이나 내부적인 요인에 의해 자살이 이루어진 것이라면 형법상 범죄에 해당될 수 있다. 형법에는 자살교사죄와 자살방조죄가 있다. 자살교사죄는 자살을 하려고 하는 의지가 없는 사람에게 자살을 결심하도록 하는 것을 말한다. 자살을 결심하도록 하는 방법과 수단에는 제한이 없다. 자살방조죄는 자살할 결심을 한 자에게 자살을 쉽게 할 수 있도록 도와주는 것을 말한다. 자살을 도와주는 방법은 불문이며, 물질적·정신적·유형적·무형적 방조가 있다. 자살교사죄와 자살방조죄를 일반적으로 쉽게 구분하는 데에는 자살의 의사가 있었느냐가 기준이 될 수 있다. 자살의 의사가 있는 상태에서 자살을 도와주면 자살방조죄가 되고, 자살의 의사가 없는 상태에서 자살을 결심할 수 있도록 도와주면 이는 자살교사죄에 해당이 된다.

사례에 의하면 B양은 "죽었으면 죽었지 헤어지지는 못하겠다."라고 하여 자살할 의사가 없었음에도 불구하고, C양이 석유와 라이터를 건네주며 자살을 권유한 것이 되기에, C양은 자살교사죄로 처벌받을 것이다.

자살방조죄의 판결사례이다. 자살을 목적으로 인터넷카페를 개설하였는데, 이 카페를 보고 2명이 찾아와 같이 자살을 하기로 결의하였다. 이 3명은 여관에서 연탄을 피워 같이 자살을 시도하였으나 2명은 죽고 1명이 살았다. 이때 살아난 사람은 자살 방조죄로 처벌된다(원주지방법원 2009.7.16. 2009고합30 참조).

자살교사죄나 자살방조죄로 보이지만 실제로는 살인죄가 되는 경우도 있다. 남편을 잃은 부인이 더 이상 살아갈 희망이 없어 자녀 2을 데리고 저수지로 갔다. 저수지에서 부인은 자녀 둘의 손을 잡고 물속으로 뛰어들었는데, 후에 자녀 2명은 죽고 부인만 살아남

았다. 이 때 부인의 죄목은 자살교사죄가 아니라 살인죄에 해당된다(대법원 1987.1.20. 선고 86도2395 참조).

관련법률

[형법]

제252조(촉탁, 승낙에 의한 살인 등) ① 사람의 촉탁 또는 승낙을 받어 그를 살해한 자는 1년 이상 10년 이하의 징역에 처한다.

② 사람을 교사 또는 방조하여 자살하게 한 자도 전항의 형과 같다.

제253조(위계 등에 의한 촉탁살인 등) 전조의 경우에 위계 또는 위력으로써 촉탁 또는 승낙하게 하거나 자살을 결의하게 한 때에는 제250조의 예에 의한다.

제254조(미수범) 전4조의 미수범은 처벌한다.

제255조(예비, 음모) 제250조와 제253조의 죄를 범할 목적으로 예비 또는 음모한 자는 10년 이하의 징역에 처한다.

용어설명

- **촉탁**: 비슷한 말로 부탁이 있다. 촉탁에 의한 살인은 '진지하게 죽여달라'는 적극적인 부탁에 의하여 부탁한 의뢰인을 살해하는 것을 말한다.
- **승낙**: 비슷한 말로 허락이 있다. 승낙에 의한 살인은 '나를 좀 죽여달라'는 말을 듣고 그의 승낙에 의해 살해하는 것을 말한다.

- **교사**: 교사는 다른 사람이 범죄를 저지르도록 유도하는 것을 교사라고 한다.
- **방조**: 방조죄란 범죄에 직접적으로 가담하는 것은 아니지만 간접적으로 범죄를 실행하는 것을 쉽도록 도와주는 것을 말한다.
- **미수범**: 범죄의 실행을 개시하였으나 그 행위를 끝내지 못하였거나 결과가 발생하지 아니한 범인을 말한다.
- **위계**: 목적이나 수단을 상대방에 알리지 않아 상대방이 오인, 착각, 부지를 일으키게 하여 그 오인, 착각, 부지를 이용하는 것을 말한다.

판 례

대법원 1992.7.24. 선고 92도1148 판결

「분신자살을 하겠다는 생각을 갖고 있는 사람에 대하여 그 실행을 용이하게 도와주겠다는 의도로 1991.4.27.경부터 같은 해 5.8.까지의 어느 날에 서울 어느 곳에서 유서 2장을 작성하여 줌으로써 유서내용에 의하여 암시하는 방법으로 분신자살의 실행을 용이하게 도와주어 자살을 방조하였다는 공소사실은 자살방조죄의 공소장 기재로서 적법하다고 한 사례」

대법원 2005.6.10. 선고 2005도1373 판결

「피고인이 인터넷 사이트 내 자살 관련 카페 게시판에 청산염 등 자살용 유독물의 판매광고를 한 행위가 단지 금원 편취 목적의 사기행각의 일환으로 이루어졌고, 변사자들이 다른 경로로 입수한

청산염을 이용하여 자살한 사정 등에 비추어, 피고인의 행위는 자살방조에 해당하지 않는다고 한 사례」

부산고등법원 1996.10.30. 선고 96노502 판결

「공소제기된 위력자살결의 및 위력자살결의방조의 범죄사실 중에는 자살교사 및 자살방조의 범죄사실이 포함되어 있고, 피고인들이 피해자로 하여금 자살을 하도록 한 경위 등에 대하여 충분한 심리가 이루어졌으므로 피고인들을 그 공소사실에 포함된 자살교사 및 자살방조로 처벌하더라도 피고인들에게 불의의 처벌을 가하거나 그 방어권 행사에 실질적인 불이익을 초래할 염려가 있다고 볼 수 없다는 이유로, 위력자살결의 및 위력자살결의방조죄로 기소된 것을 공소장 변경 없이 직권으로 자살교사 및 자살방조죄도 인정한 사례」

제 2 장

상해죄
– 위법성이 조각되는 경우 –

::: 사 례 ::::::

복싱 선수인 A씨는 챔피언이 되기 위해 열심히 연습을 하였다. 아시아 챔피언 시합에서 상대 선수에게 변칙적인 공격을 많이 했는데, 그러던 중 글러브의 엄지손가락이 상대방의 눈을 찌르게 되었다. 경기 도중 수차례 눈을 찔러서 결국 상대선수는 눈에서 피가 났고, A씨는 충격의 실격패를 당했다. 충격도 가시기 전에 상대선수가 A씨를 고소했다. A씨는 경기중에 우연히 일어난 일이지 고의로 눈을 찌른 것이 아니라고 나는 죄가 없다고 한다. A씨는 죄가 있을까?

▌사안의 해결

상해죄는 사람의 신체를 상해함으로써 성립한다. 만약, 동물을 상해한 때에는 상해죄가 되지 않고 단지 손괴죄에 해당되게 된다. 여기서 상해란 신체의 생리적 기능에 장애를 일으키는 행위를 말하고 이러한 행위의 결과는 상해죄가 된다. 상해는 수단과 방법에 아무 제한이 없다. 예를 들면 사람에게 공포나 정신적 충격을 주거나,

병을 고의로 감염시킨다거나, 상한 음식물을 주어 배탈을 나게 해서 건강을 해치게 되는 경우 등이 상해죄에 해당된다. 즉, 직접적인 신체에 유형적인 행사가 없이 무형적인 행사에 의해서도 상해죄가 성립된다. 특히, 병이 든 자녀를 돌보아야 할 의무가 있는 친권자임에도 불구하고 방치한 경우에는 부작위에 의한 상해죄가 성립한다. 반대로 상해가 아닌 경우는 피부의 미세한 부위가 가볍게 긁힌 정도같이 일상생활에서 얼마든지 생길 수 있는 극히 경미한 상처이고 따로 치료할 필요가 없는 경우는 상해라고 할 수 없다(대법원 1996.12.23. 선고 96도2673 판결). 범죄가 구성되려면 구성요건의 해당성과 위법성, 그리고 책임이 있어야 한다. 그 중 위법성은 특별한 사유에 의해 그 위법성이 조각되는 경우가 있다. 상해죄는 피해자의 승낙, 의사의 치료행위, 징계행위로 인해 위법성을 조각할 수 있다. 다만, 위법성을 조각할 수 있는 사유라 하더라도 그것이 사회상규에 위배되는 상해행위는 위법성이 조각되지 않는다. 예를 들어, 복싱경기에서 경기가 끝난 후에 상해죄로 상대 선수를 고발하였을 때 상해죄가 안되는 경우이다. 왜냐하면 이미 복싱경기에 출전하는 것은 경기 중 신체의 상해를 예견할 수 있었다고 할 것이며, 경기에 출전했다는 것은 피해자가 경기 중에 입을 상해를 예상하고 승낙한 것으로 보기 때문에 위법성이 조각된다. 하지만 스포츠경기라도 경기규칙을 위반하여 상해를 가한 경우는 그것이 설령 고의가 아니라 하더라도 피해자가 승낙한 것으로 보기 어렵다. 또한 의사의 치료행위도 치료를 목적으로 환자의 상해를 회복시키기 위한 것이므로 범죄의 구성요건에 해당하지 않아 상해죄가 되지 않는다. 징계행위는 징계의 목적달성을 위해 어쩔 수 없는 행하였고, 교육적 목적을 달성하기 위한 상황에는 위법성이 조작된다. 하지만 징계행위에서 사람의 신체를 상해하는 정도의 징계는 징계의 범위를 벗어난 것으로 보기 때문에 위법성 조각이 되지 않는다.

사례의 경우에는 복싱선수가 경기 중에 행한 상해이기에 상대방의 승낙이 있는 것으로 주장하고 있으나 경기규칙을 위반하는 행위는 상대방의 승낙이 있는 것으로 보지 않으므로 상해죄에 해당한다고 본다. 다른 스포츠 경기에서도 경기규칙을 위반하는 행위로 인해 발생되는 상해는 모두 상해죄로 성립된다고 볼 수 있다. 그 행위가 고의든 실수든 모두 상해죄가 된다. 반면, 대학생이 MT를 가서 체육대회에서 경기 중 생긴 상해는 일반적인 경우는 경기의 진행방법과 상황, 그에 따른 위험을 알고 경기에 참여한 경우라면 피해자의 승낙으로 인해 위법성이 조각되어 상해죄에 해당되지 않는다.

관련법률

제257조(상해, 존속상해) ① 사람의 신체를 상해한 자는 7년 이하의 징역, 10년 이하의 자격정지 또는 1천만원 이하의 벌금에 처한다. <개정 1995.12.29.>

② 자기 또는 배우자의 직계존속에 대하여 제1항의 죄를 범한 때에는 10년 이하의 징역 또는 1천500만원 이하의 벌금에 처한다. <개정 1995.12.29.>

③ 전 2항의 미수범은 처벌한다.

제258조(중상해, 존속중상해) ① 사람의 신체를 상해하여 생명에 대한 위험을 발생하게 한 자는 1년 이상 10년 이하의 징역에 처한다.

② 신체의 상해로 인하여 불구 또는 불치나 난치의 질병에 이르게 한 자도 전항의 형과 같다.

③ 자기 또는 배우자의 직계존속에 대하여 전2항의 죄를 범한 때에는 2년 이상 15년 이하의 징역에 처한다. <개정 2016.1.6.>

[폭력행위 등 처벌에 관한 법률]

제2조(폭행 등) ① 삭제 <2016.1.6.>

② 2명 이상이 공동하여 다음 각 호의 죄를 범한 사람은 「형법」 각 해당 조항에서 정한 형의 2분의 1까지 가중한다. <개정 2016.1.6.>

1. 「형법」 제260조 제1항(폭행), 제283조 제1항(협박), 제319조(주거침입, 퇴거불응) 또는 제366조(재물손괴 등)의 죄
2. 「형법」 제260조 제2항(존속폭행), 제276조 제1항(체포, 감금), 제283조 제2항(존속협박) 또는 제324조 제1항(강요)의 죄
3. 「형법」 제257조 제1항(상해)·제2항(존속상해), 제276조 제2항(존속체포, 존속감금) 또는 제350조(공갈)의 죄

용어설명

- **존속상해:** 자기 또는 배우자의 직계존속에 대하여 상해를 입히는 것을 말한다. 여기서 직계존속이란 부모, 조부모, 증조부모를 말한다.

- **중상해:** 상해 중 사람의 생명에 대한 위험을 발생한 경우를 말한다.
- **존속폭행:** 자기 또는 배우자의 직계존속에 대하여 폭행을 입히는 것을 말한다.
- **위법성 조각:** 범죄의 성립기준인 위법성 없어지는 것을 말한다.

판 례

대법원 2008.8.21. 선고 2008도2695 판결

「종교적 기도행위의 일환으로서 기도자의 기도에 의한 염원 내지 의사가 상대방에게 심리적 또는 영적으로 전달되는 데 도움이 된다고 인정할 수 있는 한도 내에서 상대방의 신체의 일부에 가볍게 손을 얹거나 약간 누르면서 병의 치유를 간절히 기도하는 행위는 그 목적과 수단면에서 정당성이 인정된다고 볼 수 있지만, 그러한 종교적 기도행위를 마치 의료적으로 효과가 있는 치료행위인 양 내세워 환자를 끌어들인 다음, 통상의 일반적인 안수기도의 방식과 정도를 벗어나 환자의 신체에 비정상적이거나 과도한 유형력을 행사하고 신체의 자유를 과도하게 제압하여 환자의 신체에 상해까지 입힌 경우라면, 그러한 유형력의 행사가 비록 안수기도의 명목과 방법으로 이루어졌다 해도 사회상규상 용인되는 정당행위라고 볼 수 없다.」

대법원 1990.10.30. 선고 90도1456 판결

「교사가 국민학교 5학년생을 징계하기 위하여 양손으로 교탁을

잡게하고 길이 50cm, 직경 3cm 가량 되는 나무 지휘봉으로 엉덩이를 두번 때리고, 학생이 아파서 무릎을 굽히며 허리를 옆으로 틀자 다시 허리부분을 때려 6주간의 치료를 받아야 할 상해를 입힌 경우 위 징계행위는 그 방법 및 정도가 교사의 징계권행사의 허용한도를 넘어선 것으로서 정당한 행위로 볼 수 없다.」

대법원 1991.5.14. 선고 91도513 판결

「교사가 학생을 엎드러지게 한 후 몽둥이와 당구큐대로 그의 둔부를 때려 3주간의 치료를 요하는 우둔부심부혈종좌이부좌상을 입혔다면 비록 학생주임을 맡고 있는 교사로서 제자를 훈계하기 위한 것이었다 하더라도 이는 징계의 범위를 넘는 것으로서 형법 제20조의 정당행위에는 해당하지 아니한다.」

제3장

폭행죄

::: 사 례 ::::::

대학생인 A군은 군입대를 앞두고 친구들과 술자리를 하고 있었다. 근데 갑자기 옆의 테이블에 아저씨가 일어나서 멱살을 잡아 당기며 조용히 하라며 시비를 걸었다. A씨는 아저씨와 싸울 의사가 없었기에 멱살을 놓아 달라고 요청했으나 놓아주지 않아서 소극적으로 뿌리쳤다. 이 경우 아저씨와 A씨는 죄책은?

사안의 해결

폭행죄는 타인의 신체를 폭행함으로써 성립한다. 여기서 폭행이란 사람의 신체에 물리적 유형력을 행사하는 것을 말한다(대법원 1990.2.13. 선고 89도1406 판례). 형법상 폭행은 4가지의 개념으로 분류된다.[1] 첫째, 가장 범위가 넓은 폭행은 최광의의 폭행이다. 이는 폭행의 대상이 사람이든, 물건이든 불문하고, 일체의 유형력의 행사를 말한다(형법 제115조 소요죄, 제116조 다중불해산죄). 둘째, 광의의 폭행이다. 사람에 대한 직접 또는 간접의 유형력의 행사를

1) 이하 폭행의 4가지 개념은 임웅, 형법각론, 법문사, 72면 참조.

말한다(형법 제136조 공무집행방해죄, 제324조 강요죄, 제146조 특수절도죄). 셋째, 협의의 폭행이다. 사람의 신체에 대한 유형력의 행사를 말한다(형법 제260조 폭행죄, 제125조 특수공무원의 폭행·가혹행위죄). 넷째, 가장 좁은 의미인 최협의의 폭행이다. 이는 상대방의 반항을 억압(형법 제333조 강도죄)하거나 현저히 곤란하게 할 정도의 폭행(형법 제297조 강간죄)을 말한다.

형법 제260조에서 말하는 폭행은 사람의 신체에 대한 유형력을 행사하는 것이므로 물건에 대하여 유형력을 행사는 폭행이 아닌 것이 된다. 판례에 따르면, 남의 집에 인분을 던지거나(대법원 1977.2.8. 선고 75도2673 판결), 대문이나 방문을 발로 차는 행위(대법원 1984.2.14. 선고 83도3186 판결)는 폭행이 아니다. 반면에 신체에 직접적인 유형력을 행사하는 경우인 사람에게 물건을 던져서 맞추거나, 얼굴이나 머리 등의 신체일부분을 때리거나 침을 뱉거나 손이나 옷을 잡아 당기거나 미는 경우, 수염을 자는 것도 폭행에 해당된다.[2] 폭행죄는 피해자의 승낙이 사회상규에 반하지 않는 경우와, 정당행위에 해당할 경우에는 위법성이 조각된다. 폭행죄는 반의사불벌죄이다. 즉, 피해자가 처벌을 원하는 의사표시가 없어도 공소를 제기할 수 있으나, 만약 피해자가 처벌을 원하지 않으면 공소를 제기할 수 없고, 만약 공소를 제기할 경우라면 공소기각판결을 선고해야 한다(형사소송법 제327조 제6호).

사례의 경우는 아저씨는 A군의 멱살을 잡아당기는 유형력의 행사를 하였기에 폭행에 해당된다. 그러나 A군의 경우는 아저씨의

2) 이재상, 『형법각론』, 박영사, 60면.

멱살을 뿌리치는 행위가 유형력의 행사로 볼 수는 있지만, 피해자의 부당한 공격에서 벗어나려고 한 행위로서 그 행위에 이르게 된 경위, 목적, 수단, 의사 등 제반사정에 비추어 사회통념상 허용될 만한 정도의 상당성 있는 것에 해당되기 때문에 위법성이 결여되어 폭행죄가 구성되지 못한다(대법원 1984.4.24. 선고 84도242 판결). A군은 형법상 폭행죄가 아니고, 아저씨만이 폭행죄가 성립된다.

관련법률

[형법]

제260조(폭행, 존속폭행) ① 사람의 신체에 대하여 폭행을 가한 자는 2년 이하의 징역, 500만원 이하의 벌금, 구류 또는 과료에 처한다. <개정 1995.12.29.>

② 자기 또는 배우자의 직계존속에 대하여 제1항의 죄를 범한 때에는 5년 이하의 징역 또는 700만원 이하의 벌금에 처한다. <개정 1995.12.29.>

③ 제1항 및 제2항의 죄는 피해자의 명시한 의사에 반하여 공소를 제기할 수 없다. <개정 1995.12.29.>

[폭력행위 등 처벌에 관한 법률]

제2조(폭행 등) ① 삭제 <2016.1.6.>

② 2명 이상이 공동하여 다음 각 호의 죄를 범한 사람은 「형법」 각 해당 조항에서 정한 형의 2분의 1까지 가중한다. <개정 2016.1.6.>

1. 「형법」 제260조 제1항(폭행), 제283조 제1항(협박), 제319조(주거침입, 퇴거불응) 또는 제366조(재물손괴 등)의 죄
2. 「형법」 제260조 제2항(존속폭행), 제276조 제1항(체포, 감금), 제283조 제2항(존속협박) 또는 제324조 제1항(강요)의 죄
3. 「형법」 제257조 제1항(상해) · 제2항(존속상해), 제276조 제2항(존속체포, 존속감금) 또는 제350조(공갈)의 죄

용어설명

- **반의사불벌죄:** 피해자가 가해자의 처벌을 원하지 않는다는 의사를 표시하면 가해자가 처벌을 면하는 죄를 말한다. 단, 고소가 없어도 공소가 가능하다는 점에서 친고죄와 다르다.
- **재물손괴:** 재물손괴란 재물의 모습을 변형시키거나 하여 그 가치를 떨어뜨리게 하는 것을 말한다. 쉽게 말해 다른 사람의 차를 파손하거나 물건을 못쓰게 만드는 것을 말한다.
- **퇴거불응:** 집이나 특정 장소에서 나가달라는 요구에 응하지 않는 것을 말한다.
- **징역:** 신체에 구속을 가하는 형벌로서 노역을 하는 것을 징역이라고 하고, 노역을 하지 않은 것은 금고라고 한다.
- **벌금:** 벌금은 재산형의 일종으로 주로 5만원이상을 부과한다.
- **구류:** 신체에 구속을 가하는 형벌 중 가장 가벼운 것으로 29일 이하의 기간을 수용시설에 구금시키는 것을 말한다.
- **과료:** 재산형의 일종으로 주로 2천원이상 5만원미만의 부과한다.
- **공소:** 형사사건에서 검사가 법원에 재판을 청구하는 것을 공소라고 한다.

판 례

대법원 1982.2.23. 선고 81도2958 판결

「강제연행을 모면하기 의하여 팔꿈치로 뿌리치면서 가슴을 잡고 벽에 밀어 부친 행위는 소극적인 저항으로 사회상규에 위반되지 아니한다.」

대법원 1990.2.13. 선고 89도1406 판결

「피해자에게 근접하여 욕설을 하면서 때릴 듯이 손발이나 물건을 휘두르거나 던지는 행위는 직접 피해자의 신체에 접촉하지 않았다고 하여도 피해자에 대한 불법한 유형력의 행사로서 폭행에 해당하나, 공소사실 중에 때릴 듯이 위세 또는 위력을 보인 구체적인 행위내용이 적시되어 있지 않다면 결국 욕설을 함으로써 위세 또는 위력을 보였다는 취지로 해석할 수밖에 없고 이와 같이 욕설을 한 것 외에 별다른 행위를 한 적이 없다면 이는 유형력의 행사라고 보기 어려울 것이다.」

대법원 2003.1.10. 선고 2000도5716 판결

「피해자의 신체에 공간적으로 근접하여 고성으로 폭언이나 욕설을 하거나 동시에 손발이나 물건을 휘두르거나 던지는 행위는 직접 피해자의 신체에 접촉하지 아니하였다 하더라도 피해자에 대한 불법한 유형력의 행사로서 폭행에 해당될 수 있는 것이지만, 거리상 멀리 떨어져 있는 사람에게 전화기를 이용하여 전화하면서 고성을

내거나 그 전화 대화를 녹음 후 듣게 하는 경우에는 특수한 방법으로 수화자의 청각기관을 자극하여 그 수화자로 하여금 고통스럽게 느끼게 할 정도의 음향을 이용하였다는 등의 특별한 사정이 없는 한 신체에 대한 유형력의 행사를 한 것으로 보기 어렵다.」

제 4 장

경범죄

::: 사 례 ::::::

대학생 A군은 여름방학을 맞이하여 친구들과 강원도로 여행을 가게 되었다. 이들은 저녁에 담력체험을 위해 주변에 흉가가 있는지 둘러보던 중 근처에 있는 빈집을 발견하게 되었다. 아무도 관리하지 않고 비워 둔 지 오래된 이 집에 A군은 용기 있게 들어가서 탐사를 하고 나왔다. 이후 배가 고픈 A군은 친구들과 밥을 해먹기로 한다. 하지만 휴대로 가스버너를 가져오지 않아서 주변에 있는 나무에 가지를 꺾어서 불을 지폈다. A군은 밥을 먹고 한 후 운동 삼아 산책을 하다가 화장실이 가고 싶어 근처 숲속 나무에 소변을 보았다. A군이 경범죄로 처벌 받게 될 범칙금의 총액은 얼마일까요?

▌사안의 해결

국민의 자유와 권리를 보호하고 사회공공의 질서유지에 이바지함을 목적으로 경범죄처벌법이 제정되었다. 경범죄의 종류는 다음과 같다.

경범죄의 종류

1. 빈집 등에의 침입
2. 흉기의 은닉휴대
3. 폭행 등 예비
4. 지속적 괴롭힘
5. 시체 현장변경 등
6. 도움이 필요한 사람 등의 신고불이행
7. 관명사칭 등
8. 물품강매 · 호객행위
9. 광고물 무단부착 등
10. 마시는 물 사용방해
11. 쓰레기 등 투기
12. 노상방뇨 등
13. 의식방해
14. 단체가입 강요
15. 자연훼손
16. 타인의 가축 · 기계 등 무단조작
17. 물길의 흐름 방해
18. 구걸행위 등
19. 불안감조성
20. 음주소란 등
21. 인근소란 등
22. 위험한 불씨 사용
23. 물건 던지기 등 위험행위
24. 인공구조물 등의 관리소홀
25. 위험한 동물의 관리소홀
26. 동물 등에 의한 행패 등
27. 무단소등
28. 공중통로 안전관리소홀
29. 공무원 원조불응
30. 거짓 인적사항 사용
31. 미신요법
32. 야간통행제한 위반
33. 과다노출
34. 지문채취 불응
35. 자릿세 징수 등
36. 행렬방해
37. 무단 출입
38. 총포 등 조작장난
39. 무임승차 및 무전취식
40. 장난전화 등
41. 출판물의 부당게재 등
42. 거짓 광고
43. 업무방해
44. 암표매매
45. 관공서에서의 주취소란
46. 거짓신고

경범죄는 사안에 따라 10만원 이하, 20만원 이하, 60만원 이하의 벌금, 구류 또는 과료의 형으로 처벌한다. 범칙금을 부과하는 주체는 경찰서장, 해양경비안전서장, 제주특별자치도지사 또는 철도특별사법경찰대장이고 이들은 범칙자로 인정되는 사람에 대하여 그 이유를 명백히 나타낸 서면으로 범칙금을 부과하고 이를 납부할 것을 통고할 수 있다. 통고처분서를 받은 사람은 통고처분서를 받은 날부터 10일 이내에 국민안전처장관 · 경찰청장 또는 철도특별사법경찰대장이 지정한 은행, 그 지점이나 대리점, 우체국 또는 제주특별자치도지사가 지정하는 금융기관이나 그 지점에 범칙금을 납부하여야 한다. 다만, 천재지변이나 그 밖의 부득이한 사유로 말미암아 그 기간 내에 범칙금을 납부할 수 없을 때에는 그 부득이한 사유가 없어지게 된 날부터 5일 이내에 납부하여야 한다. 1차 납부기간에 범칙금을 납부하지 아니한 사람은 납부기간의 마지막 날의 다음 날부터 20일 이내에 통고받은 범칙금에 그 금액의 100분의 20을 더한 금액을 납부하여야 한다. 경범죄처벌법의 개정으로 2016.7.23. 일부터는 범칙금 납부대행기관을 통하여 범칙금을 신용카드나 직불카드로 납부할 수 있다.

경찰서장, 해양경비안전서장 및 제주특별자치도지사는 경범죄 위반자 중 통고처분서 받기를 거부한 사람이나 주거 또는 신원이 확실하지 아니한 사람, 그 밖에 통고처분을 하기가 매우 어려운 사람은 즉결심판을 청구하여야 한다. 또한 기한 내에 범칙금을 납부하지 아니한 사람도 즉결심판을 청구하여야 한다. 하지만 기한내 범치금을 납부하지 않은 사람이 즉결심판이 청구되기 전까지 통고받은 범칙금에 그 금액의 100분의 50을 더한 금액을 납부하면 즉결심판을 청구하지 않는다.

즉결심판은 20만원 이하의 벌금, 구류 또는 과료에 해당하는 범증이 명백하고 죄질이 경미한 범죄사건을 신속·적정한 절차로 심판하는 것을 말한다. 이 제도는 법원과 검찰, 당사자에게 절차에 대한 부담을 줄이기 위한 편의를 주기 위한 것이다. 즉결심판에서는 원칙적으로 피고인이 출석해야 하지만, 피고인 또는 즉결심판출석통지서를 받은 자가 법원에 불출석심판을 청구하여 법원이 이를 허가한 때에는 피고인이 출석하지 않고 심판할 수 있다. 판사는 피고인에게 피고사건의 내용과 진술거부권이 있음을 알리고 변명할 기회를 주며, 변호인을 선임할 기회도 주어야 한다.

만약 즉결 심판에 불복할 경우는 7일 이내에 관할 경찰서장에서 정식 재판 청구서를 제출하여야 한다. 경찰서장은 지체 없이 판사에게 제출하여야 하며, 판사는 7일 이내에 경찰서장에게 정식 재판 청구서를 첨부한 사건 기록과 증거물을 송부하고, 경찰서장은 지체 없이 관할 지방 검찰청 또는 지청의 장에게 이를 송부하여야 한다. 그 검찰청 또는 지청의 장은 지체없이 관할법원에 이를 송부하여야 한다.

즉결 심판이 확정되면 재판의 확정판결과 같은 효력을 가진다. 형의 집행은 경찰서장이 하고 그 집행결과를 지체없이 검사에게 보고하여야 한다. 구류는 경찰서유치장 · 구치소 또는 교도소에서 집행하며 구치소 또는 교도소에서 집행할 때에는 검사가 이를 지휘한다.

사례에서 A군은 흉가에 허락 없이 들어갔기에 경범죄처벌법 제3조 제1항 제1호에 다른 사람이 살지 아니하고 관리하지 아니하는 집 또는 그 울타리 · 건조물 · 배 · 자동차 안에 정당한 이유 없이 들어간 사람은 빈집 등에의 침입에 해당하여 8만원의 범칙금을 부과 받게 된다. 또한, A군은 주변에 나무에 가지를 허락 없이 꺾었기에 동법 제3조 제1항 제15호에 공원 · 명승지 · 유원지나 그 밖의 녹지구역 등에서 풀 · 꽃 · 나무 · 돌 등을 함부로 꺾거나 캔 사람 또는 바위·나무 등에 글씨를 새기거나 하여 자연을 훼손한 사람은 자연훼손에 해당하여 5만원의 범칙금을 부과 받게 된다. 마지막으로 A군은 숲속 나무에 소변을 보았기에 동법 제3조 제1항 제12호에 길, 공원, 그 밖에 여러 사람이 모이거나 다니는 곳에서 함부로 침을 뱉거나 대소변을 보거나 또는 그렇게 하도록 시키거나 개 등 짐승을 끌고 와서 대변을 보게 하고 이를 치우지 아니한 사람은 노상방뇨에 해당하여 5만원의 범칙금을 부과 받게 된다. A군이 부과 받는 범칙금은 18만원이 된다.

범칙행위 및 범칙금액표(경범죄 처벌법 시행규칙 [별지 제1호서식] 뒷면)

조항	범칙행위	금액	법조문	범칙행위	금액
「경범죄 처벌법」 제3조 제1항 관련					
제1호	빈집 등에의 침입	8만원	제19호	불안감조성	5만원
제2호	흉기의 은닉휴대	8만원	제20호	음주소란 등	5만원
제3호	폭행 등 예비	8만원	제21호	인근소란 등	3만원
제5호	시체 현장변경 등	8만원	제22호	위험한 불씨 사용	8만원
제6호	도움이 필요한 사람 등의 신고	8만원	제23호	물건 던지기 등 위험행	3만원
	불이행	8만원		위	5만원
제7호	관명사칭 등		제24호	인공구조물 등의 관리소	5만원
제8호	물품강매·호객행위			홀	
	가. 물품강매, 요청하지 않은 행	8만원	제25호	위험한 동물의 관리소홀	
	위에 대한 대가 요구		제26호	동물 등에 의한 행패 등	
	나. 호객행위	5만원		가. 소나 말을 놀라게	5만원
제9호	광고물 무단부착 등			하여 달아나게 한 경우	
	가. 광고물부착, 기재 및 광고물	5만원		나. 개나 그 밖의 동물	8만원
	살포			을 시켜 사람에게 달려	
	나. 타인 간판 등 이동 및 훼손	8만원		들게 한 경우	
제10호	마시는 물 사용방해	8만원	제27호	무단소등	5만원
제11호	쓰레기 등 투기		제28호	공중통로 안전관리소홀	5만원
	가. 쓰레기, 죽은 짐승 등 투기	5만원	제29호	공무원 원조불응	5만원
	나. 담배꽁초, 껌, 휴지 투기	3만원	제30호	거짓 인적사항 사용	8만원
제12호	노상방뇨 등		제31호	미신요법	2만원

	가. 대소변을 보는 행위, 동물대변 미수거	5만원	제32호	야간통행제한 위반	3만원
			제33호	과다노출	5만원
	나. 침 뱉는 행위	3만원	제34호	지문채취 불응	5만원
제13호	의식방해	8만원	제35호	자릿세 징수 등	8만원
제14호	단체가입 강요	5만원	제36호	행렬방해	5만원
제15호	자연훼손	5만원	제37호	무단 출입	2만원
제16호	타인의 가축·기계 등 무단조작	8만원	제38호	총포 등 조작장난	8만원
제17호	물길의 흐름 방해	2만원	제39호	무임승차 및 무전취식	5만원
제18호	구걸행위 등		제40호	장난전화 등	8만원
	가. 구걸하도록 시켜 올바르지 않은 이익을 얻는 행위	8만원	제41호	지속적 괴롭힘	8만원
	나. 구걸행위로 통행을 방해하거나 행인에게 불편을 주는 행위	5만원			
「경범죄 처벌법」 제3조 제2항 관련					
제1호	출판물의 부당게재 등	16만원	제3호	업무방해	16만원
제2호	거짓 광고	16만원	제4호	암표매매	16만원

관련법률

[경범죄 처벌법]

제1조(목적) 이 법은 경범죄의 종류 및 처벌에 필요한 사항을 정함으로써 국민의 자유와 권리를 보호하고 사회공공의 질서유지에 이바지함을 목적으로 한다.

제2조(남용금지) 이 법을 적용할 때에는 국민의 권리를 부당하게 침해하지 아니하도록 세심한 주의를 기울여야 하며, 본래의 목적에서 벗어나 다른 목적을 위하여 이 법을 적용하여서는 아니 된다.

제7조(통고처분) ① 경찰서장, 해양경비안전서장, 제주특별자치도지사 또는 철도특별사법경찰대장은 범칙자로 인정되는 사람에 대하여 그 이유를 명백히 나타낸 서면으로 범칙금을 부과하고 이를

납부할 것을 통고할 수 있다. 다만, 다음 각 호의 어느 하나에 해당하는 사람에게는 통고하지 아니한다.

1. 통고처분서 받기를 거부한 사람
2. 주거 또는 신원이 확실하지 아니한 사람
3. 그 밖에 통고처분을 하기가 매우 어려운 사람

② 제1항에 따라 통고할 범칙금의 액수는 범칙행위의 종류에 따라 대통령령으로 정한다.

③ 제주특별자치도지사, 철도특별사법경찰대장은 제1항에 따라 통고처분을 한 경우에는 관할 경찰서장에게 그 사실을 통보하여야 한다.

제8조(범칙금의 납부) ① 제7조에 따라 통고처분서를 받은 사람은 통고처분서를 받은 날부터 10일 이내에 국민안전처장관·경찰청장 또는 철도특별사법경찰대장이 지정한 은행, 그 지점이나 대리점, 우체국 또는 제주특별자치도지사가 지정하는 금융기관이나 그 지점에 범칙금을 납부하여야 한다. 다만, 천재지변이나 그 밖의 부득이한 사유로 말미암아 그 기간 내에 범칙금을 납부할 수 없을 때에는 그 부득이한 사유가 없어지게 된 날부터 5일 이내에 납부하여야 한다.

② 제1항에 따른 납부기간에 범칙금을 납부하지 아니한 사람은 납부기간의 마지막 날의 다음 날부터 20일 이내에 통고받은 범칙금에 그 금액의 100분의 20을 더한 금액을 납부하여야 한다.

③ 제1항 또는 제2항에 따라 범칙금을 납부한 사람은 그 범칙행위에 대하여 다시 처벌받지 아니한다.

용어설명

- **주취소란:** 술에 취한 채로 몹시 거친 말과 행동으로 주정하거나 시끄럽게 한 경우
- **공무원 원조불응:** 눈·비·바람·해일·지진 등으로 인한 재해, 화재·교통사고·범죄, 그 밖의 급작스러운 사고가 발생하였을 때에 현장에 있으면서도 정당한 이유 없이 관계 공무원 또는 이를 돕는 사람의 현장출입에 관한 지시에 따르지 아니하거나 공무원이 도움을 요청하여도 도움을 주지 아니한 경우
- **은닉:** 물건이나 사람을 감추는 것

판 례

대법원 2003.7.11. 선고 2002도2642 판결

「경범죄처벌법위반죄로 범칙금 통고처분을 받아 범칙금을 납부한 범칙행위인 소란행위와 상해죄의 공소사실은 범행장소가 동일하고 범행일시도 거의 같으며, 모두 피고인과 피해자의 시비에서 발단한 일련의 행위임이 분명하므로, 양 사실은 그 기본적 사실관계가 동일한 것이라고 할 것이어서 위 경범죄처벌법위반죄에 대한 범칙금납부로 인한 확정재판에 준하는 효력이 상해의 공소사실에도 미친다고 보아 면소의 판결을 선고한 원심판결을 수긍한 사례.」

대법원 2011.1.27. 선고 2008도7375 판결

「피고인이 택시 요금을 지불하지 않아 경범죄처벌법 위반으로 즉결심판에 회부되었다가 정식재판을 청구한 사안에서, 위 정식재

판청구로 제1회 공판기일 전에 사건기록 및 증거물이 경찰서장, 관할 지방검찰청 또는 지청의 장을 거쳐 관할 법원에 송부된다고 하여 그 이전에 이미 적법하게 제기된 경찰서장의 즉결심판청구의 절차가 위법하게 된다고 볼 수 없고, 그 과정에서 정식재판이 청구된 이후에 작성된 피해자에 대한 진술조서 등이 사건기록에 편철되어 송부되었더라도 달리 볼 것은 아니라는 이유로, 같은 취지의 원심판결을 정당하다고 한 사례.」

제 5 장

청소년관람불가

::: 사 례 ::::::

영화를 좋아하는 모임에서 2016년 2월 22일에 단체 영화관람을 하기로 했다. 근데 이번 영화는 청소년관람불가 등급의 영화이다. 다음 중 청소년관람불가 영화를 보지 못하는 사람은?

A군 신입생(1997.12.29. 일생)

B군 재수생(1998.2.26. 일생)

C군 고등학생(1997.3.8. 일생)

사안의 해결

영화는 연속적인 영상이 필름 또는 디스크 등의 디지털 매체에 담긴 저작물로서 영화상영관 등의 장소 또는 시설에서 공중에게 관람하게 할 목적으로 제작한 것을 말한다. 이러한 영화는 나이에 따라 상영등급을 제한하고 있다. 전체관람가, 12세 이상 관람가, 15세 이상 관람가, 청소년 관람불가, 제한상영가로 분류하고 있다. 전체관람가를 제외하고는 모두 나이에 의해 관람을 제한하고 있다.

그 중 청소년 관람불가는 만 18세 미만의 자에 대하여 관람을 제한하는 것이다.

먼저, 만 나이와 연 나이를 구분해야 한다. 만 나이는 출생년도와 출생일을 기준으로 생일이 지났는지 안지났는지에 따라 성년과 미성년으로 구분하는 것이고, 연 나이는 현재년도에서 출생년도를 뺀 나이로 생일과 상관없이 같이 해에 태어나면 똑같이 성년이나 미성년이 되는 방식이다. 예를 들어 만 나이는 1997년에 2월 17일에 태어난 사람이 만 19세가 되는 나이는 2016년 2월 17일이며, 만약 2016년 2월 16일에는 만 18세가 되는 것이다. 하지만 연 나이는 1997년 2월 17일에 태어난 사람이 2016년만 되면 19세가 되는 것을 말한다.

현행 법률에서 나이별 기준에 대하여 알아보면 다음과 같다. 아동·청소년의 성보호에 관한 법률에서는 "아동·청소년이란 19세 미만의 자를 말한다. 다만, 19세에 도달하는 연도의 1월 1일을 맞이한 자는 제외한다."고 규정되어 있다(아동·청소년의 성보호에 관한 법률 제2조 제1호). 청소년보호법에서는 "청소년이란 만 19세 미만인 사람을 말한다. 다만, 만 19세가 되는 해의 1월 1일을 맞이한 사람은 제외한다."고 규정되어 있다(청소년보호법 제2조 제1호). 이상은 아동·청소년을 연 19세 미만으로 규정하고 있는 법률이며, 그 외에도 식품위생법 등이 청소년을 연 19세 미만으로 규정하고 있다(식품위생법 제44조 제2항). 민법에서는 제4조에 사람은 19세로 성년에 이르게 된다고 하여 미성년자를 만 19세 미만으로 규정하고 있다.

영화 및 비디오물의 진흥에 관한 법률과 게임산업진흥에 관한 법률은 청소년을 18세 미만의 자(「초·중등교육법」 제2조의 규정에 따른 고등학교에 재학 중인 학생을 포함한다)로 규정하고(비디오물의 진흥에 관한 법률 제2조 제18호, 게임산업진흥에 관한 법률 제2조 제10호), 아동복지법에서는 아동을 18세 미만이 사람으로 규정하고 있다(아동복지법 제3조 제1호).

공직선거법은 제15조에 선거권을 19세 이상의 국민으토 정하여, 19세 미만을 미성년으로 보고 있고, 형법은 형사미성년자를 만14세 미만으로 규정하고 있다(형법 제9조). 근로기준법은 제64조에 만 15세 미만은 근로자로서 일하지 못하고, 15세, 18세 미만도 미성년으로 보아 근로조건에 보호를 받는다.

사례에서는 A군은 만18세이고, B군은 만 17세며, C군은 만 18세이다. 여기서 A군은 청소년관람불가 규정인 만 18세 이상이기에 관람이 가능하고, B군은 만 17세 이므로 관람이 불가능하다. C군은 만18세이나 현재 고등학생이기 때문에 청소년관람불가 영화를 볼 수 없다. 결론적으로 관람이 가능한 사람은 A군 한명이다.

관련법률

[영화 및 비디오물의 진흥에 관한 법률]

제2조(정의) 이 법에서 사용하는 용어의 정의는 다음과 같다.

18. "청소년"이라 함은 18세 미만의 자(「초·중등교육법」 제2조의 규정에 따른 고등학교에 재학 중인 학생을 포함한다)를 말한다.

제29조(상영등급분류) ② 제1항 본문의 규정에 의한 영화의 상영등급은 영화의 내용 및 영상 등의 표현 정도에 따라 다음 각 호와 같이 분류한다. 다만, 영화 상영 전후에 상영하는 광고영화는 제1호에 해당하는 경우에 한하여 상영등급을 분류받을 수 있고, 예고편영화는 제1호 또는 제4호에 따라 상영등급을 분류하고 청소년 관람불가 예고편영화는 청소년 관람불가 영화의 상영 전후에만 상영할 수 있다. <개정 2009.5.8., 2012.2.17.>

1. 전체관람가: 모든 연령에 해당하는 자가 관람할 수 있는 영화
2. 12세 이상 관람가: 12세 이상의 자가 관람할 수 있는 영화
3. 15세 이상 관람가: 15세 이상의 자가 관람할 수 있는 영화
4. 청소년 관람불가: 청소년은 관람할 수 없는 영화
5. 제한상영가: 선정성·폭력성·사회적 행위 등의 표현이 과도하여 인간의 보편적 존엄, 사회적 가치, 선량한 풍속 또는 국민 정서를 현저하게 해할 우려가 있어 상영 및 광고·선전에 일정한 제한이 필요한 영화

③ 누구든지 제1항 및 제2항의 규정을 위반하여 상영등급을 분류 받지 아니한 영화를 상영하여서는 아니 된다.

④ 누구든지 제2항 제2호 또는 제3호의 규정에 의한 상영등급에 해당하는 영화의 경우에는 당해 영화를 관람할 수 있는 연령에 도달하지 아니한 자를 입장시켜서는 아니 된다. 다만, 부모 등 보호자를 동반하여 관람하는 경우에는 그러하지 아니하다.

⑤ 누구든지 제2항 제4호 또는 제5호의 규정에 의한 상영등급에 해당하는 영화의 경우에는 청소년을 입장시켜서는 아니 된다.

용어설명

- **성년**: 흔히 어른을 뜻한다. 법률상 행위능력이 인정되는 나이이다.
- **미성년자**: 청소년, 아동, 연소자로 불리어지기도 하며, 법률상 판단능력이 아직 완성된 단계가 아닌 것으로 본다.
- **성년의제**: 민법 제826조의 2에 의하면 미성년자가 혼인을 한 때에는 성년자로 본다고 규정하여, 법률상 나이가 아직 미성년자이지만 혼인을 하면 성년자와 동일하게 법률행위를 할 수 있도록 하는 것을 말한다. 여기서 성년이란 민법상 법률행위에서만 인정하는 성년이다.

판 례

대법원 2013.11.14. 선고 2011두11266 판결

「영상표현의 선정성에 관한 청소년 관람불가 기준에는 15세 이상 관람가 기준과 달리 그 문언상 성적 욕구의 자극을 요건으로 하지 않는 점, 영상표현의 선정성에 관하여 세부적인 등급분류기준을 둔 취지는 청소년이 아직 인격적으로 성숙하지 않아 성인보다 상대적으로 성적 자극에 예민하고 성충동을 억제하거나 조절하는 능력이 부족한 점을 고려하여 영상표현을 통해 청소년의 성적 상상이나 호기심을 불필요하게 부추기거나 성에 관하여 그릇된 인식을 갖게 하는 부작용을 미리 방지함으로써 청소년으로 하여금 진정한 인격체로 성장할 수 있도록 하기 위한 것인 점, 구 청소년보호법(2011. 9. 15. 법률 제11048호로 개정되기 전의 것) 제10조 제1항 제1호에서 청소년의 성적 욕구를 자극하는 것 이외에 제5호에서

'기타 청소년의 정신적 건강에 명백히 해를 끼칠 우려가 있는 것'도 청소년유해매체물로 규정하고 있는 점과 함께 영화 등급분류에 관한 영화 및 비디오물의 진흥에 관한 법률 제29조 제2항, 제7항, 영화 및 비디오물의 진흥에 관한 법률 시행령 제10조의2 제1항 [별표 2의2] 제4호 (나)목, 제2항, 구 영화 및 비디오물 등급분류기준(2010. 6. 3. 개정되기 전의 영상물등급위원회규정) 제5조, 제7조 규정의 내용 및 형식, 입법 취지 등을 고려하면, 청소년 관람불가의 등급분류기준으로서 영상표현의 선정성에는 신체 노출, 성적 접촉, 성행위 등이 지나치게 구체적이고 직접적이며 노골적이어서 청소년에게 성적 욕구를 자극하는 경우뿐만 아니라, 청소년에게 성적 불쾌감·혐오감 등을 유발하는 경우도 포함된다고 보는 것이 타당하다.」

제 6 장

자전거 사고

::: 사 례 ::::::

자전거를 타고 가던 대학생 A씨는 자전거를 운전하다가 전방주시를 게을리한 업무상 과실로 피해자를 들이받아 다발성타박상 등을 입히게 되었다. 경찰로부터 자전거 보험에 가입되지 않아서 교통사고처리특례법상 형사처벌이 된다는 사실을 들었다. 대학생 A씨는 자전거가 차도 아닌데 왜 형사처벌이 되냐고 항의를 하였다. 그리고 자전거 보험은 아니지만 일상생활 중 우연한 사고로 타인의 신체장애 및 재물의 손해에 대해 부담하는 생활보험(법률상 배상책임액을 1억 원의 한도 내에서 전액 배상)에 가입되어 있어서 사실상 보험에 가입되어 있다고 주장한다. 대학생 A씨는 어떻게 될까요?

사안의 해결

먼저 자전거는 도로교통법 제2조 제17호에 의하면 차마에 해당된다. 차마란 차와 우마를 뜻하는데 자전거는 차마중 차에 해당한다. 자전거가 차에 해당되면 자전거 사고도 일반 교통사고와 같이 처리하게 된다. 교통사고가 발생하면 그 차의 운전자나 그 밖의 승무원은 즉시 정차하여 사상자를 구호하는 등 필요한 조치를 하여야 한다. 그 후 차의 운전자등은 경찰공무원이 현장에 있을 때에는 그 경찰공무원에게, 경찰공무원이 현장에 없을 때에는 가장 가까운 국가경찰관서에 ① 사고가 일어난 곳, ② 사상자 수 및 부상 정도, ③ 손괴한 물건 및 손괴 정도, ④ 그 밖의 조치사항 등의 사항을 지체 없이 신고하여야 한다. 다만, 운행 중인 차만 손괴된 것이 분명하고 도로에서의 위험방지와 원활한 소통을 위하여 필요한 조치를 한 경우에는 그러하지 아니하다. 위의 조치를 다 한 후에는 가입한 보험회사에 연락을 취하는 것이 일반적이다.

사례의 경우 자전거도 도로교통법상 차에 해당된다. 그렇게 때문에 자동차교통사고와 같은 처리절차를 거친다. 대학생 A씨가 가입한 보험은 피해자에게 교통사고로 인한 손해배상금의 전액보상을 할 수 있는 보험이 아니다. 그러므로, 대학생 A씨는 교통사고처리특례법상 처벌이 될 것으로 보인다.

관련법률

[도로교통법]

제2조(정의) 이 법에서 사용하는 용어의 뜻은 다음과 같다.

17. "차마"란 다음 각 목의 차와 우마를 말한다.

가. "차"란 다음의 어느 하나에 해당하는 것을 말한다.

1) 자동차

2) 건설기계

3) 원동기장치자전거

4) 자전거

5) 사람 또는 가축의 힘이나 그 밖의 동력(動力)으로 도로에서 운전되는 것. 다만, 철길이나 가설(架設)된 선을 이용하여 운전되는 것, 유모차와 행정자치부령으로 정하는 보행보조용 의자차는 제외한다.

[교통사고처리 특례법]

제3조(처벌의 특례) ① 차의 운전자가 교통사고로 인하여 「형법」 제268조의 죄를 범한 경우에는 5년 이하의 금고 또는 2천만원 이하의 벌금에 처한다.

② 차의 교통으로 제1항의 죄 중 업무상과실치상죄(業務上過失致傷罪) 또는 중과실치상죄(重過失致傷罪)와 「도로교통법」 제151조의 죄를 범한 운전자에 대하여는 피해자의 명시적인 의사에 반하여 공소(公訴)를 제기할 수 없다. 다만, 차의 운전자가 제1항의 죄 중 업무상과실치상죄 또는 중과실치상죄를 범하고도 피해자를 구호(救護)하는 등 「도로교통법」 제54조 제1항에 따른 조치를 하지 아니하고 도주하거나 피해자를 사고 장소로부터 옮겨 유기(遺棄)하고 도주한 경우, 같은 죄를 범하고 「도로교통법」 제44조 제2항을 위반하여 음주측정 요구에 따르지 아니한 경우(운전자가 채혈측정을 요청하거나 동의한 경우는 제외한다)와 다음 각 호의 어느 하나에 해당하는 행위로 인하여 같은 죄를 범한 경우에는 그러하지 아니하다.

1. 「도로교통법」 제5조에 따른 신호기가 표시하는 신호 또는 교

통정리를 하는 경찰공무원등의 신호를 위반하거나 통행금지 또는 일시정지를 내용으로 하는 안전표지가 표시하는 지시를 위반하여 운전한 경우

2. 「도로교통법」 제13조 제3항을 위반하여 중앙선을 침범하거나 같은 법 제62조를 위반하여 횡단, 유턴 또는 후진한 경우
3. 「도로교통법」 제17조 제1항 또는 제2항에 따른 제한속도를 시속 20킬로미터 초과하여 운전한 경우
4. 「도로교통법」 제21조 제1항, 제22조, 제23조에 따른 앞지르기의 방법·금지시기·금지장소 또는 끼어들기의 금지를 위반하거나 같은 법 제60조 제2항에 따른 고속도로에서의 앞지르기 방법을 위반하여 운전한 경우
5. 「도로교통법」 제24조에 따른 철길건널목 통과방법을 위반하여 운전한 경우
6. 「도로교통법」 제27조 제1항에 따른 횡단보도에서의 보행자 보호의무를 위반하여 운전한 경우
7. 「도로교통법」 제43조, 「건설기계관리법」 제26조 또는 「도로교통법」 제96조를 위반하여 운전면허 또는 건설기계조종사면허를 받지 아니하거나 국제운전면허증을 소지하지 아니하고 운전한 경우. 이 경우 운전면허 또는 건설기계조종사면허의 효력이 정지 중이거나 운전의 금지 중인 때에는 운전면허 또는 건설기계조종사면허를 받지 아니하거나 국제운전면허증을 소지하지 아니한 것으로 본다.
8. 「도로교통법」 제44조 제1항을 위반하여 술에 취한 상태에서

운전을 하거나 같은 법 제45조를 위반하여 약물의 영향으로 정상적으로 운전하지 못할 우려가 있는 상태에서 운전한 경우

9. 「도로교통법」 제13조 제1항을 위반하여 보도가 설치된 도로의 보도를 침범하거나 같은 법 제13조 제2항에 따른 보도 횡단방법을 위반하여 운전한 경우
10. 「도로교통법」 제39조 제2항에 따른 승객의 추락 방지의무를 위반하여 운전한 경우
11. 「도로교통법」 제12조 제3항에 따른 어린이 보호구역에서 같은 조 제1항에 따른 조치를 준수하고 어린이의 안전에 유의하면서 운전하여야 할 의무를 위반하여 어린이의 신체를 상해에 이르게 한 경우

제4조(보험 등에 가입된 경우의 특례) ① 교통사고를 일으킨 차가 「보험업법」 제4조, 제126조, 제127조 및 제128조, 「여객자동차 운수사업법」 제60조, 제61조 또는 「화물자동차 운수사업법」 제51조에 따른 보험 또는 공제에 가입된 경우에는 제3조 제2항 본문에 규정된 죄를 범한 차의 운전자에 대하여 공소를 제기할 수 없다. 다만, 다음 각 호의 어느 하나에 해당하는 경우에는 그러하지 아니하다.

1. 제3조 제2항 단서에 해당하는 경우
2. 피해자가 신체의 상해로 인하여 생명에 대한 위험이 발생하거나 불구가 되거나 불치 또는 난치의 질병이 생긴 경우

3. 보험계약 또는 공제계약이 무효로 되거나 해지되거나 계약상의 면책 규정 등으로 인하여 보험회사, 공제조합 또는 공제사업자의 보험금 또는 공제금 지급의무가 없어진 경우

② 제1항에서 "보험 또는 공제"란 교통사고의 경우 「보험업법」에 따른 보험회사나 「여객자동차 운수사업법」 또는 「화물자동차 운수사업법」에 따른 공제조합 또는 공제사업자가 인가된 보험약관 또는 승인된 공제약관에 따라 피보험자와 피해자 간 또는 공제조합원과 피해자 간의 손해배상에 관한 합의 여부와 상관없이 피보험자나 공제조합원을 갈음하여 피해자의 치료비에 관하여는 통상비용의 전액을, 그 밖의 손해에 관하여는 보험약관이나 공제약관으로 정한 지급기준금액을 대통령령으로 정하는 바에 따라 우선 지급하되, 종국적으로는 확정판결이나 그 밖에 이에 준하는 집행권원상 피보험자 또는 공제조합원의 교통사고로 인한 손해배상금 전액을 보상하는 보험 또는 공제를 말한다.

③ 제1항의 보험 또는 공제에 가입된 사실은 보험회사, 공제조합 또는 공제사업자가 제2항의 취지를 적은 서면에 의하여 증명되어야 한다.

[형법]

제268조(업무상과실 · 중과실 치사상) 업무상과실 또는 중대한 과실로 인하여 사람을 사상에 이르게 한 자는 5년 이하의 금고 또는 2천만원 이하의 벌금에 처한다.

용어설명

- **가설(架設)**: 공중에 설치한 전기선으로서 옛날 전차위에 있는 선을 말한다.
- **손괴**: 불특정의 물건을 사용하지 못하도록 망가뜨려서 그 가치를 덜어뜨리는 것.

판 례

대법원 2012.10.25. 선고 2011도6273 판결

「피고인이 자전거를 운전하고 가다가 전방 주시를 게을리한 과실로 피해자 갑을 들이받아 상해를 입게 하여 교통사고처리 특례법(이하 '특례법'이라고 한다) 위반으로 기소되었는데, 자전거는 보험에 가입되지 않았으나 피고인이 별도로 '일상생활 중 우연한 사고로 타인의 신체장애 및 재물 손해에 대해 부담하는 법률상 배상책임액을 1억원 한도 내에서 전액 배상'하는 내용의 종합보험에 가입한 사안에서, 피고인이 가입한 보험은 보상한도금액이 1억원에 불과하여 1억원을 초과하는 손해가 발생한 경우 갑은 위 보험에 의하여 보상을 받을 수 없으므로, 이러한 형태의 보험은 피보험자의 교통사고로 인한 손해배상금의 전액보상을 요건으로 하는 특례법 제4조 제1항, 제2항에서 의미하는 보험 등에 해당한다고 볼 수 없는데도, 피고인과 갑의 합의금 등 손해액을 위 보험에 기하여 지급하였다는 이유만으로 공소를 기각한 원심판결에 특례법 제4조 제1

항, 제2항의 '보험' 등에 관한 법리를 오해한 잘못이 있다고 한 사례.」

대법원 2008.6.12. 선고 2008도2092 판결

「교통사고처리 특례법 제4조 제2항 규정과 그 입법 목적 및 취지에 비추어, 같은 법 제4조 제1항에 정한 형사처벌 등 특례의 적용대상이 되는 '보험 또는 공제에 가입된 경우'에는, '교통사고를 일으킨 차'가 위 보험 등에 가입된 경우는 물론 '그 차의 운전자'가 차의 운행과 관련한 보험 등에 가입한 경우에도 그 보험에 의하여 같은 법 제4조 제2항에서 정하고 있는 교통사고 손해배상금 전액의 신속·확실한 보상의 권리가 피해자에게 주어진다면 이에 포함된다.」

제 7 장

채무자의 잠적

::: 사 례 ::::::

A는 초등학교 때부터 친하게 지내고 있는 친구B로 부터 주택을 구입하는데 부족한 금액인 3,000만원을 빌려달라는 부탁을 받고 1년 후에 돌려받기로 약속하고 빌려주었다. 그러나 B는 1년이 지나도 빌려간 돈을 갚지 않아 A는 여러 차례 B에게 빌려간 돈을 갚을 것을 요구하였다. 그 후 B는 A의 연락을 피하다가 연락처를 바꾸고 원래 사는 곳에서 다른 곳으로 이사를 가버렸다. A는 다른 친구들을 통하여 B를 찾았지만 다른 친구들 역시 B의 행방을 알 수가 없었다. A는 연락도 할 수 없고 어디에 있는지도 모르는 B에게 빌려준 돈을 받기 위해서 어떻게 해야 하는가?

사안의 해결

1. 금전 거래를 할 때 챙겨야 하는 사항

금전 거래를 할 때 가까운 사이에 있는 사람들은 서로를 믿고 하기 때문에 돈을 빌려주고 받았다는 자료를 남겨놓지 않아서 분쟁의 불씨가 생기는 경우가 많다. 아무리 가까운 사이라도 나중에 발생할 분쟁을 막기 위해서는 금전 거래를 하였다는 자료를 미리 남겨놓는 것이 좋다.

(1) 차용증의 작성

차용증이란 돈을 빌려가는 사람(채무자)가 돈을 빌려주는 사람(채권자)에게 작성해서 주는 것이다. 차용증에 들어가는 내용은 ① 돈을 빌려주는 사람(채권자)과 돈을 빌려가는 사람(채무자)의 이름, 주소, 연락처, ② 돈을 빌려가는 금액, ③ 빌려간 돈에 대한 이자, ④ 빌려간 돈을 갚을 장소, ⑤ 빌려간 돈을 갚을 방법, ⑥ 빌려간 돈을 갚을 날짜, ⑦ 빌려간 돈을 약속한 날짜에 갚지 못할 경우에 위약금에 대한 내용, ⑧ 그 밖에 따로 정할 내용, ⑨ 돈을 빌려가는 날짜(차용증의 작성 날짜) 등이다.

작성한 차용증에 채권자와 채무자가 서명을 하거나 도장을 찍으면 된다. 도장을 찍을 경우 채무자의 인감도장을 찍고 인감증명서를 차용증에 첨부하면 차용증의 신뢰가 더 높아진다. 작성한 차용증에 대해서 공증을 받는 것도 안전한 방법이다. 만약에 차용증을 작성하지 않은 경우에는 돈을 빌려가는 사람의 계좌로 이체한 경우 이체한 기록을 남겨두거나 수표로 지급한 경우 수표의 발급 기록을 남겨두면 된다. 돈을 빌려간 사실을 녹음해 놓는 것도 자료로 남길 수 있는 방법이다. 돈을 빌려줄 때는 빌려주었다는 사실을 증명할 수 있는 기록을 반드시 남겨놓도록 한다.

(2) 영수증의 작성

영수증은 돈을 빌려준 사람(채권자)이 돈을 빌려가는 사람(채무자)에게 약속한 날짜에 빌려간 돈을 모두 갚은 경우 돈을 갚았다는 내용을 작성하여 주는 것이다. 돈을 갚은 사람은 돈을 받는 사람에게 영수증을 작성해 달라고 할 수 있다. 영수증에 들어갈 내용은 ① 돈을 갚은 사람(채무자)와 돈을 받은 사람(채권자)의 이름, 주소, 연락처, ② 돈을 받은 사람(채권자)이 받은 금액, ③ 돈을 받은 장소, ④ 돈을 받은 날짜(차용증의 작성 날짜) 등이다.

작성한 영수증에 빌려준 돈을 받은 사람(영수증 작성자)이 서명을 하거나 도장을 찍는다. 도장을 찍을 경우 영수증을 작성하는 사람의 인감도장을 찍고 인감증명서를 영수증에 첨부하면 영수증의 신뢰가 더 높아진다. 영수증은 돈을 갚았다는 것을 확인해 주는 중요한 자료 이므로 잘 보관해 놓도록 한다.

2. 채무자가 채무를 이행하지 않는 경우 대응 방법

돈을 빌려간 사람(채무자)이 약속한 날짜에 돈을 갚지 않거나 약속한 이자를 주지 않는 경우에 돈을 빌려준 사람(채권자)은 이것을 달라고 요구할 수 있다. 돈을 갚지 않는다고 해서 바로 소송에 들어가는 것 보다는 우선 돈을 빌려간 사람에게 돈을 갚을 것을 요구하여 서로 원만하게 해결할 수 있도록 노력한다. 돈을 갚으라고 요구할 때도 그냥 말로 하는 것보다는 내용증명을 보내서 돈을 갚으라고 요구한 기록을 남기는 방법도 좋은 방법이다. 내용증명을 보내도 돈을 갚을 노력을 하지 않는다면 돈을 빌려준 금액이 3,000만원 이하의 소액인 경우에는 소액사건심판을 청구하고, 3,000만원이 넘는 금액인 경우에는 정식으로 민사소송을 청구하도록 한다. 차용증에 공증을 받은 경우에는 지급명령신청을 하는 것이 민사소송보다 신속하고 저렴한 비용으로 빌려준 돈을 받을 수 있다.

3. 결 론

A는 B가 잠적하여 어디에 있는지 알 수 없기 때문에 일단 차용증에 있는 B의 인적사항을 바탕으로 민사소송을 제기하면 된다. 그리고 법원에서 B가 A에게 빌려간 돈을 갚아야 한다는 판결이 나면 B의 앞으로 되어 있는 재산에 대해서 강제집행을 하여 B에게 빌려준 돈(원금)과 돈을 갚기로 한 날부터 발생한 이자(지연손해금)까지 더 해서 받아내면 될 것이다.

관련법률

[민법]

제389조(강제이행) ① 채무자가 임의로 채무를 이행하지 아니한 때에는 채권자는 그 강제이행을 법원에 청구할 수 있다. 그러나 채무의 성질이 강제이행을 하지 못할 것인 때에는 그러하지 아니하다.

② 전항의 채무가 법률행위를 목적으로 한 때에는 채무자의 의사표시에 갈음할 재판을 청구할 수 있고 채무자의 일신에 전속하지 아니한 작위를 목적으로 한 때에는 채무자의 비용으로 제삼자에게 이를 하게 할 것을 법원에 청구할 수 있다.

③ 그 채무가 부작위를 목적으로 한 경우에 채무자가 이에 위반한 때에는 채무자의 비용으로써 그 위반한 것을 제각하고 장래에 대한 적당한 처분을 법원에 청구할 수 있다.

④ 전3항의 규정은 손해배상의 청구에 영향을 미치지 아니한다.

제474조(영수증청구권) 변제자는 변제를 받는 자에게 영수증을 청구할 수 있다.

용어설명

- **공증:** 공증이란 일정한 법률관계의 존재나 사실을 공적으로 증명해 주는 제도이다. 공증은 법무부장관으로부터 임명을 받거나 공증인가를 받은 사람이 한다. 공증인이 작성한 공증증서에 채무자가 강제집행을 승낙한 내용이 기재되어있는 경우에 민사소송을 하지 않고 강제집행을 할 수 있다. 공증제도는 간편하게 분쟁의 발생을 미리 예방하고, 소송에 비하여 저렴하고 신속하게 분쟁을 해결할 수 있다는 장점이 있다.

- **내용증명:** 우체국창구 또는 정보통신망을 통하여 보내는 사람이 받는 사람에게 어떤 내용의 문서를 언제 발송하였다는 사실을 우체국이 증명하는 것이다. 같은 문서를 3부 작성하여 한 부는 보내는 사람이 가지고, 한 부는 받는 사람에게로 보내고, 한 부는 문서를 보낸 우체국에서 보관을 한다. 내용증명에서 문서는 그 내용의 사실을 증명하는 것이 아니라 어떤 내용의 문서를 보냈다는 것을 증명하는 것이다. 내용의 사실은 소송을 통하여 가려진다.

- **지급명령:** 금전, 그 밖에 대체물(代替物)이나 유가증권의 일정한 수량의 지급을 목적으로 하는 청구에 대하여 법원은 채권자의 신청에 따라 채무자를 심문하지 않고 목적물을 지급하도록 하는 것을 말한다. 분쟁을 신속하게 해결할 수 있는 장점이 있다. 그러나 지급명령을 받은 채무자가 이의신청을 하는 경우에는 지급명령은 그 범위안에서 효력을 잃고 재판을 청구한 것으로 본다.

- **소액사건심판:** 지방법원 및 지방법원지원에서 소송물 가액이 3,000만 원을 넘지 않는 소액의 민사사건을 간이한 절차에 따라 신속히 처리하기 위한 소송제도이다. 일반 민사재판보다 간소하게 진행되기 때문에 민사재판과 비교하여 저렴하고 신속하게 분쟁을 해결할 수 있다는 장점이 있다.

제 8 장

이행 기한을 정하지 않은 채무

::: 사 례 ::::::

A는 직장에서 친하게 지내고 있는 직장동료 B가 급하게 쓸 돈이 필요하다고 하여 자신이 가지고 있던 1,000만원을 빌려주었다. A는 B에게 돈을 빌려주면서 언제까지 빌려간 돈을 갚을지 따로 정하지 않고 나중에 형편이 되면 갚아달라고 하였다. 그 후 3년이 지난 시기에 A는 자신이 현재 세들어 살고 있는 집의 주인이 보증금을 올려달라고 하여 B에게 빌려준 돈을 돌려받고자 한다. A는 B에게 언제 갚을 것인지를 정하지 않은 돈을 돌려받기 위해서 어떻게 해야 하는가?

사안의 해결

빌려간 돈을 언제 갚을 것인지 명확하게 기한을 정한 경우에는 돈을 빌려준 사람(채권자)은 돈을 빌려간 사람(채무자)이 약속한 날짜에 돈을 갚지 않으면 빌려간 돈을 갚아달라고 요구를 할 수 있다. 그러나 빌려간 돈을 언제 갚을 것인지를 정하지 않은 경우에는 돈을 빌려준 사람(채권자)은 언제 돈을 돌려받을 수 있을지 알 수 없는 상태가 된다.

이러한 경우 우리 민법에서는 빌려간 돈을 언제 갚을 것인지를 정하지 않은 때, 돈을 빌려준 사람(채권자)은 돈을 빌려간 사람(채무자)에게 일정한 기한을 정하여 언제까지 빌려간 돈을 갚으라고 요구를 할 수 있도록 규정하고 있다. 그리고 돈을 빌려간 사람(채무자)은 돈을 빌려준 사람(채권자)에게 빌려간 돈을 갚을 것을 요구받은 경우에는 그 기한내에 돈을 갚도록 규정하고 있다(민법 제387조 제2항).

따라서 A는 B에게 돈을 빌려줄 때에 언제까지 빌려간 돈을 갚으라고 명확하게 정하지 않았지만 일정한 기한을 정하여 B에게 빌려간 돈을 갚을 것을 요구하면 B는 그 기한내에 A에게 빌려간 돈을 갚아야 한다. 그러나 B가 A가 요구한 기한내에 빌려간 돈을 갚지 못하면 빌려간 돈(원금)과 돈을 갚지 못해서 생기게 되는 이자(지연손해금)까지 더해서 A에게 갚아야 한다. 빌려간 돈을 기한내에 갚지 못한 경우 생기게 되는 이자(지연손해금)에 대해서 A와 B가 따로 정하지 않은 경우에는 법정이율에 의한다.

관련법률

[민법]

제387조(이행기와 이행지체) ① 채무이행의 확정한 기한이 있는 경우에는 채무자는 기한이 도래한 때로부터 지체책임이 있다. 채무이행의 불확정한 기한이 있는 경우에는 채무자는 기한이 도래함을 안 때로부터 지체책임이 있다.

② 채무이행의 기한이 없는 경우에는 채무자는 이행청구를 받은 때로부터 지체책임이 있다.

제397조(금전채무불이행에 대한 특칙) ① 금전채무불이행의 손해배상액은 법정이율에 의한다. 그러나 법령의 제한에 위반하지 아니한 약정이율이 있으면 그 이율에 의한다.

② 전항의 손해배상에 관하여는 채권자는 손해의 증명을 요하지 아니하고 채무자는 과실없음을 항변하지 못한다.

제 9 장

부동산 매매계약

::: 사 례 ::::::

A는 오랫동안 도시에서 생활을 하다가 직장에서 정년퇴직을 하였고, 더 이상 답답한 도시에서 생활을 하는 것이 싫어서 고향의 조용한 시골에서 남은 생을 살고자 한다. 마침 고향 근처 시골에 팔려고 하는 여러 채의 전원주택이 있어서 알아보다가 B의 소유의 전원주택이 다른 전원주택보다 가격도 저렴하고 위치도 좋아 마음에 들어서 이것을 구매하기로 결정하였다.

A는 B와 전원주택의 매매계약을 체결하려고 하는데 B는 공인중개사를 통해서 거래를 하면 수수료가 나가니 직접 거래를 하자고 한다. 그리고 B는 전원주택의 건물과 토지의 등기부 등본을 보여주며 아무런 문제가 없다고 한다.

과연 A는 B의 말을 믿고 B와 직접 부동산 매매계약을 체결해도 괜찮은 것인가?

▌사안의 해결

1. 부동산 거래 시 주의해야 할 사항

(1) 부동산의 소유자인지 확인하자

부동산 계약은 부동산등기부등본상의 소유자와 직접 해야 한다. 신분증을 통하여 부동산 계약을 체결하려고 하는 부동산의 소유자인지 확인을 한 다음 계약을 체결해야 한다. 본인이 아닌 대리인이 나온 경우 대리인의 신분증과 위임장을 확인하고 본인과 연락을 하여 대리인이 맞는지 확인을 해야 한다.

(2) 부동산 거래 계약서에 들어갈 내용

부동산 거래 계약서에 들어갈 내용은 다음과 같다. ① 부동산을 거래하고자 내용(매매, 임대차), ② 부동산의 거래 금액, ③ 부동산 거래대금의 지불 날짜(여러 차례에 걸쳐 지급하는 경우에 각각의 지불 날짜), ④ 부동산 거래 당사자의 이름, 주소, 주민등록번호, ⑤ 거래하고자 하는 부동산의 권리를 넘겨주는 날짜, ⑥ 따로 정할 내용이 있는 경우 그 내용, ⑦ 부동산 계약을 체결할 때 증인이 있으면 증인의 이름, 주소, 주민등록번호, ⑧ 부동산 계약 체결 날짜.

(3) 부동산 거래 대금을 지급할 때에 주의할 점

일반적으로 부동산을 거래하는 때에 계약금은 부동산 가격의 10%이다. 그리고 계약금의 반환에 대해서 특별한 약정이 없으면 부동산의 매매계약에서 부동산을 사는 사람이 계약을 취소할 때에는 자신이 지급한 계약금을 돌려받지 못하고, 부동산을 파는 사람이 계약을 취소할 때는 자신이 받은 계약금의 두 배를 사는 사람에게 돌려주어야 한다.

부동산의 거래 대금을 여러 차례에 걸쳐 지급하는 경우 대금을 지급하기 전에 부동산등기부등본을 확인하여 거래 대상이 되는 부동산의 권리에 변동이 있었는지 확인을 한 후 대금을 지급하여야 한다. 거래 대상이 되는 부동산이 건물인 경우에는 반드시 건물의 등기부등본과 토지의 등기부등본을 같이 확인해야 한다. 만약에 건물과 토지의 소유자가 다를 경우 권리를 행사하는데 제한을 받을 수 있다.

2. 부동산등기부등본의 구성

(1) 표제부

부동산의 주소, 면적, 용도, 구조 등이 기재되어있다.

(2) 갑구

소유권에 관한 사항이 기재되어 있다. 압류, 가압류, 경매신청, 가등기 등과 같은 내용은 갑구에 기재되어 있다.

(3) 을구

소유권 이외의 권리는 을구에 기재되어 있다. 지상권, 전세권, 저당권, 임차권 등과 같은 내용은 을구에 기재되어 있다.

3. 결 론

A는 우선 B가 전원주택의 소유자가 맞는지 확인을 해야 한다. B가 A에게 보여준 전원주택의 건물과 토지의 등기부등본이 오래 전에 발급을 받은 것일 수도 있고, 위조 또는 변조가 되어있을 수

있기 때문에 A가 직접 등기부등본을 열람하거나 발급하여 확인해야한다. 부동산 거래는 권리관계와 절차가 복잡하게 이루어지기 때문에 그 내용을 잘 모르는 경우에는 전문가의 도움을 받는 것이 좋다. 따라서 A가 부동산 거래에 있어서 그 절차와 내용을 잘 모르는 경우에 B와 전원주택의 매매계약을 체결할 때 수수료를 지출하더라도 공인중개사의 도움을 받는 것이 안전하다.

A가 B에게 계약금과 중도금과 잔금을 지급할 때 전원주택의 토지와 건물의 등기부등본을 발급하거나 열람하여 권리의 변동이 있는지 확인을 한 후 지급해야 한다. A가 B에게서 전원주택의 소유권 이전해 올 때 등기는 전문가인 법무사의 도움을 받아 신청하는 것이 A의 권리를 안전하게 보호받는 방법이 될 것이다.

관련법률

[부동산등기법]

제19조(등기사항의 열람과 증명) ① 누구든지 수수료를 내고 대법원규칙으로 정하는 바에 따라 등기기록에 기록되어 있는 사항의 전부 또는 일부의 열람(閱覽)과 이를 증명하는 등기사항증명서의 발급을 청구할 수 있다. 다만, 등기기록의 부속서류에 대하여는 이해관계 있는 부분만 열람을 청구할 수 있다.

② 제1항에 따른 등기기록의 열람 및 등기사항증명서의 발급 청구는 관할 등기소가 아닌 등기소에 대하여도 할 수 있다.

③ 제1항에 따른 수수료의 금액과 면제의 범위는 대법원규칙으로 정한다.

제 10 장

임차권등기명령제도

::: 사 례 ::::::

서울에서 직장을 다니고 있는 A는 더 좋은 근무조건을 제시한 회사로 옮기게 되었다. 회사는 부산에 소재하고 있어서 A는 부산으로 이사를 가야 한다. 마침 살고 있는 다세대 주택의 임대차 계약기간도 끝나게 되어 집주인 B에게 보증금을 돌려달라고 하였다. 그러나 집주인 B는 지금 돈이 없으니 다른 임차인이 들어오면 그 때 보증금을 돌려주겠다고 한다. A는 당장 부산에 있는 직장으로 출근을 해야 하는데 집주인 B가 보증금을 돌려주지 않아서 부산으로 이사를 하지 못하고 있다. 이런 경우 A는 자신의 권리를 보호받기 위해서 어떻게 하면 되는가?

사안의 해결

1. 주택임대차보호법의 보호를 받기 위한 요건

주거용 건물인 주택을 빌려서 살고 있는 임차인이 주택임대차보호법의 보호를 받기 위해서는 일정한 요건을 갖추어야 한다. 그 요건은 ① 빌린 주택에 이사를 가서 살고 있어야 하고, ② 거주하는 주택이 있는 지역의 읍사무소·면사무소·동 주민센터에 가서 전입신고를 해야 하며, ③ 주택임대차계약서에 확정일자 확인 도장을 받는 것이다.

2. 대항력

임차인이 빌린 주택으로 이사를 하고 거주하는 주택이 있는 지역의 읍사무소·면사무소·동 주민센터에 가서 전입신고를 대항력을 갖추게 된다.

임차인이 대항력을 갖추게 되면 주택임대차계약서에 확정일자 확인을 받지 못하였더라도 누구에게나 자신이 살고 있는 주택의 임차인이라는 것을 주장할 수 있다.

3. 우선변제권

임차인이 빌린 주택으로 이사를 와서 지역의 읍사무소·면사무소·동 주민센터에 가서 전입신고를 하고 주택임대차계약서에 확정일자를 확인 받은 경우에는 임대한 주택이 경매가 되더라도 그 경매 대금에서 확정일자를 갖춘 이후에 등기부에 저당권을 설정한 권리자나 그 밖의 채권자보다 우선하여 보증금을 변제받을 수 있다.

확정일자를 확인받을 때는 반드시 주택임대차계약서 원본에 확인을 받아야 한다.

4. 소액보증금의 최우선변제권

빌린 주택으로 이사를 하고 주민등록을 갖춘 임차인이 비록 주택임대차계약서상에 확정일자 확인 도장을 받지 못하였더라도 주택이 경매가 되었을 때 다른 권리자보다 우선하여 일정한 금액을 돌려받을 수 있다.

5. 임차권등기명령제도

임대차 계약기간이 끝난 후에도 임대인(집주인)이 보증금을 돌려주지 않는 경우에 임차인은 빌린 주택의 소재지를 관할하는 지방법원·지방법원지원 또는 시·군 법원에 임차권등기명령을 신청할 수 있다. 임차권이 등기되면 임차인이 다른 곳으로 이사를 가거나 주소를 옮기더라도 임차인이 기존에 가지고 있던 대항력과 우선변제권은 그대로 인정된다. 임차인은 임차권등기명령의 신청과 그에 따른 임차권등기와 관련하여 든 비용을 임대인에게 청구할 수 있다.

6. 결 론

A는 임대차 계약기간이 끝난 후에도 집주인 B에게 보증금을 돌려받지 못한 경우에 임차권등기명령을 신청해서 법원이 이를 받아들여 임차권등기를 마치면 부산으로 이사를 가더라도 기존에 자신이 가지고 있던 임차인의 권리가 보호되어 나중에 집주인 B로부터 보증금과 임차권등기를 하는데 든 비용을 돌려받을 수 있다.

관련법률

[주택임대차보호법]

제3조의3(임차권등기명령) ① 임대차가 끝난 후 보증금이 반환되지 아니한 경우 임차인은 임차주택의 소재지를 관할하는 지방법원·지방법원지원 또는 시·군 법원에 임차권등기명령을 신청할

수 있다.

② 임차권등기명령의 신청서에는 다음 각 호의 사항을 적어야 하며, 신청의 이유와 임차권등기의 원인이 된 사실을 소명(疎明)하여야 한다.

1. 신청의 취지 및 이유
2. 임대차의 목적인 주택(임대차의 목적이 주택의 일부분인 경우에는 해당 부분의 도면을 첨부한다)
3. 임차권등기의 원인이 된 사실(임차인이 제3조 제1항·제2항 또는 제3항에 따른 대항력을 취득하였거나 제3조의2제2항에 따른 우선변제권을 취득한 경우에는 그 사실)
4. 그 밖에 대법원규칙으로 정하는 사항

③ 다음 각 호의 사항 등에 관하여는 「민사집행법」 제280조 제1항, 제281조, 제283조, 제285조, 제286조, 제288조 제1항·제2항 본문, 제289조, 제290조 제2항 중 제288조 제1항에 대한 부분, 제291조 및 제293조를 준용한다. 이 경우 "가압류"는 "임차권등기"로, "채권자"는 "임차인"으로, "채무자"는 "임대인"으로 본다.

1. 임차권등기명령의 신청에 대한 재판
2. 임차권등기명령의 결정에 대한 임대인의 이의신청 및 그에 대한 재판
3. 임차권등기명령의 취소신청 및 그에 대한 재판
4. 임차권등기명령의 집행

④ 임차권등기명령의 신청을 기각(棄却)하는 결정에 대하여 임차인은 항고(抗告)할 수 있다.

⑤ 임차인은 임차권등기명령의 집행에 따른 임차권등기를 마치면 제3조 제1항·제2항 또는 제3항에 따른 대항력과 제3조의2 제2항에 따른 우선변제권을 취득한다. 다만, 임차인이 임차권등기 이전에 이미 대항력이나 우선변제권을 취득한 경우에는 그 대항력이나 우선변제권은 그대로 유지되며, 임차권등기 이후에는 제3조 제1항·제2항 또는 제3항의 대항요건을 상실하더라도 이미 취득한 대항력이나 우선변제권을 상실하지 아니한다.

⑥ 임차권등기명령의 집행에 따른 임차권등기가 끝난 주택(임대차의 목적이 주택의 일부분인 경우에는 해당 부분으로 한정한다)을 그 이후에 임차한 임차인은 제8조에 따른 우선변제를 받을 권리가 없다.

⑦ 임차권등기의 촉탁(囑託), 등기관의 임차권등기 기입(記入) 등 임차권등기명령을 시행하는 데에 필요한 사항은 대법원규칙으로 정한다.

⑧ 임차인은 제1항에 따른 임차권등기명령의 신청과 그에 따른 임차권등기와 관련하여 든 비용을 임대인에게 청구할 수 있다.

⑨ 금융기관등은 임차인을 대위하여 제1항의 임차권등기명령을 신청할 수 있다. 이 경우 제3항·제4항 및 제8항의 "임차인"은 "금융기관등"으로 본다.

▮ 관련판례

▷ 임차권등기를 한 임차인의 경매시 우선변제권을 인정한 판결

대법원 2005.9.15. 선고 2005다33039 판결

「임차권등기명령에 의하여 임차권등기를 한 임차인은 우선변제권을 가지며, 위 임차권등기는 임차인으로 하여금 기왕의 대항력이나 우선변제권을 유지하도록 해 주는 담보적 기능을 주목적으로 하고 있으므로, 위 임차권등기가 첫 경매개시결정등기 전에 등기된 경우, 배당받을 채권자의 범위에 관하여 규정하고 있는 민사집행법 제148조 제4호의 "저당권 · 전세권, 그 밖의 우선변제청구권으로서 첫 경매개시결정 등기 전에 등기되었고 매각으로 소멸하는 것을 가진 채권자"에 준하여, 그 임차인은 별도로 배당요구를 하지 않아도 당연히 배당받을 채권자에 속하는 것으로 보아야 한다.」

제 11 장

의료 사고

::: 사 례 ::::::

A는 평소에 심한 척추 디스크를 앓고 있어서 B병원에서 계속 치료를 받고 있었다. 그러다 더 이상 증세가 나아지지 않자 담당의사 C는 A에게 수술을 받을 것을 권유하였고, 결국 A는 B병원에서 자신의 담당의사 C에게 척추 디스크 수술을 받았다. A는 수술을 받기 위하여 전신마취를 하였는데, 수술 후 마취에서 깨어나지 못해 의식을 회복하지 못하고 있다가 결국에는 식물인간상태가 되고 말았다. A의 가족들은 이러한 상황에서 어떻게 대처를 해야 하는가?

사안의 해결

1. 의료 사고의 의의

의료 사고는 의료 행위 시에 발생하는 모든 사고를 의미한다. 의료영역은 사람의 생명을 다루는 고도의 전문적인 영역이라 의료 사고가 발생할 경우 사고의 원인 그리고 의료진의 과실과 사고의 연관성을 밝히는 것이 굉장히 어렵다. 그래서 의료 사고 발생 초기에 대응하는 것이 중요하다.

2. 의사의 설명의무

의사는 의료행위를 할 때 환자에게 환자의 현재 상태와 앞으로의 치료의 진행과정 그리고 약을 처방하거나 수술을 할 경우에 발생할 수 있는 부작용 등에 대해서 설명을 해야 한다.

그리고 의사가 의료행위를 할 때 반드시 환자의 동의를 받아야 한다.

현재 병원에서 수술을 할 때에는 환자 본인이나 가족들에게 수술 동의서를 받고 수술을 한다.

3. 의료 사고 발생 시 대처 방법

의료사고발생 시 대처 방법을 구체적으로 살펴보면 다음과 같다. ① 진료기록을 고의적으로 조작하거나 훼손시킬 수 있기 때문에 신속하게 확보해야 한다. ② 의료 사고 상황에 대한 경위서를 자세하게 작성해야 한다. ③ 담당 의료진에게 환자의 상태와, 처치 등의 대해서 자세한 설명을 요구하고 필요에 따라 녹취를 한다. ④ 의료 사고가 발생한 장소의 주변에 있는 CCTV와 주변 환자 등의 진술을 확보한다. ⑤ 환자를 다른 병원으로 옮기거나, 환자가 사망한 경우에는 부검을 실시하여 사고 원인을 찾도록 한다. ⑥ 의료진에 대해 감정적인 대응은 자제하여 병원의 업무를 방해하거나 의료진에게 폭력을 행사하지 않도록 한다. ⑦ 의료 사고로 발생한 손해에 대하여 배상을 청구 할 수 있는 기간은 사고를 안 날로부터 3년, 의료 사고가 발행한 날로부터 10년 이다(민법 제766조). 시간이 지나면 손해배상청구권이 소멸될 수 있으니 한국의료분쟁조정중재원과 법률구조공단, 소비자보호원, 의료사고상담센터 등과 같은 전문 단체와 의료사고 전문 법률사무소를 통해 상담을 하여 앞으로 의료사고를 밝히기 위하여 어떻게 진행시켜 나갈 것인지 대책을 세우며 의료 사고에 대처해 나가도록 한다.

3. 결 론

A의 가족들은 의료 사고의 특성상 발생 초기에 신속하게 관련 자료를 확보하지 않으면 사고 원인과 의료진의 과실을 밝히는 것이 어렵기 때문에 B병원에서 진료기록 이나 목격자의 진술 그리고 사고 현장 주변의 CCTV영상 등과 같은 자료를 신속하게 확보하고 전문가들의 자문을 받아 의료 사고의 발생 원인과 의료진의 과실을 밝히도록 노력해야 할 것이다. 그리고 A가 척추 디스크 수술로 식물인간이 되는 과정에서 의료진의 과실이 인정되면 B병원에 대해서 그로 인하여 발생한 손해를 배상받을 수 있을 것이다.

관련법률

[민법]

제766조(손해배상청구권의 소멸시효) ① 불법행위로 인한 손해배상의 청구권은 피해자나 그 법정대리인이 그 손해 및 가해자를 안 날로부터 3년간 이를 행사하지 아니하면 시효로 인하여 소멸한다.

② 불법행위를 한 날로부터 10년을 경과한 때에도 전항과 같다.

관련판례

▷ 의료사고에서 의료종사자의 과실을 인정하기 위한 요건과 판단 기준을 제시한 판결

대법원 2011.9.8. 선고 2009도13959 판결

「의료사고에서 의료종사자의 과실을 인정하기 위해서는 의료종사자가 결과발생을 예견할 수 있고 또 회피할 수 있었는데도 이를 예견하거나 회피하지 못한 과실이 인정되어야 하고, 그러한 과실 유무를 판단할 때에는 같은 업무와 직무에 종사하는 보통인의 주의 정도를 표준으로 하여야 하며, 이에는 사고 당시의 일반적인 의학 수준과 의료 환경 및 조건, 의료행위의 특수성 등이 고려되어야 한다.」

▷ 의사의 설명의무를 위반한 경우 의사의 책임을 인정한 판결

대법원 2013.4.26. 선고 2011다29666 판결

「의사의 환자에 대한 설명의무가 수술 시에만 한하지 않고, 검사, 진단, 치료 등 진료의 모든 단계에서 각각 발생한다 하더라도, 설명의무 위반에 대하여 의사에게 위자료 등의 지급의무를 부담시키는 것은 의사가 환자에게 제대로 설명하지 아니한 채 수술 등을 시행하여 환자에게 예기치 못한 중대한 결과가 발생하였을 경우에 의사가 그 행위에 앞서 환자에게 질병의 증상, 치료나 진단방법의

내용 및 필요성과 그로 인하여 발생이 예상되는 위험성 등을 설명하여 주었더라면 환자가 스스로 자기결정권을 행사하여 그 의료행위를 받을 것인지를 선택함으로써 중대한 결과의 발생을 회피할 수 있었음에도 불구하고 의사가 설명을 하지 아니하여 그 기회를 상실하게 된 데에 따른 정신적 고통을 위자하는 것이므로, 설명의무 위반으로 인하여 지급할 의무가 있는 위자료에는, 설명의무 위반이 인정되지 않은 부분과 관련된 자기결정권 상실에 따른 정신적 고통을 위자하는 금액 또는 중대한 결과의 발생 자체에 따른 정신적 고통을 위자하는 금액 등은 포함되지 아니한다고 보아야 한다. 그리고 의료행위로 인하여 환자에게 나쁜 결과가 발생하였는데 의사의 진료상 과실은 인정되지 않고 설명의무 위반만 인정되는 경우, 설명의무 위반에 대한 위자료의 명목 아래 사실상 재산적 손해의 전보를 꾀하여서는 아니 된다.」

제12장

이 혼

::: 사 례 ::::::

결혼한 남성 A는 아내 B 몰래 미혼인 직장동료 C와 2년 동안 서로 은밀한 관계를 유지하고 있었다. 어느 날 우연히 아내 B는 남편 A와 직장동료 C가 전화통화 내용을 듣고 둘 사이가 심상치 않다는 것을 느끼고 남편 A를 추궁한 결과 남편이 직장동료 C와의 관계를 모두 이야기하였다. 충격을 받은 아내 B는 그 날 바로 자신의 짐을 챙겨 나와서 친정으로 가버렸고, 남편 A는 아내 B에게 진심으로 자신의 잘못을 뉘우치며 용서를 구하며 이혼은 절대 할 수 없다고 한다. 이 상황에서 B가 A와 이혼을 하기 위해서는 어떻게 해야 하는가?

사안의 해결

1. 혼인의 요건

혼인의 요건으로는 첫째, 혼인을 하려는 당사자의 의사가 있어야 한다. 둘째, 혼인을 하려면 남자와 여자 모두 만 18세가 되어야 하며 부모님의 동의를 받아야 한다(민법 제807조, 제808조). 그러나

만 19세가 되면 남자와 여자 모두 부모님의 동의 없이 혼인이 가능하다. 셋째, 혼인을 하려는 사람이 8촌 이내의 혈족, 6촌 이내의 혈족의 배우자, 배우자의 6촌 이내의 혈족, 배우자의 4촌 이내의 혈족의 배우자인 인척이거나 이러한 인척이었던 자, 6촌 이내의 양부모계의 혈족이었던 자와 4촌 이내의 양부모계의 인척이었던 자가 아니어야 한다(민법 제809조). 넷째, 우리나라에서는 중혼을 인정하지 않기 때문에 법적으로 다른 사람의 남편이나 아내가 아니어야 한다(민법 제810조). 다섯째, 혼인을 하였다고 하더라도 법적으로 혼인을 한 것으로 인정받기 위해서는 혼인 신고를 해야 한다(민법 제812조).

2. 부부 사이의 의무

부부사이의 의무로는 첫째, 부부는 특별한 사정이 없는 한 같은 집에서 살아야 한다. 둘째, 부부는 서로 부양을 하고 서로 협조를 하면서 생활해야 한다. 셋째, 부부는 서로 정조 의무를 지켜야 한다.

3. 이 혼

(1) 협의 이혼

부부는 서로 이혼을 하기로 합의하고 일정한 절차를 통하여 이혼을 할 수 있다(민법 제834조). 이것을 협의 이혼이라 한다.

(2) 재판상 이혼

부부가 합의에 의하여 이혼을 하는 것이 불가능한 경우 이혼을 하고자 하는 사람은 법원에 이혼소송을 제기하여 법원의 판결에 따라 이혼을 할 수 있다. 재판상 이혼을 하기 위해서는 다음과 같은 사유가 있어야 한다(민법 제840조). ① 배우자에 대해서 부정한 행위를 한 경우(정조 의무의 위반), ② 배우자가 고의로 동거 의무와 부양 의무와 협조의 의무를 이행하지 않은 경우, ③ 배우자 또는 그 직계존속으로부터 심하게 부당한 대우를 받은 경우, ④ 자기의 직계존속이 배우자로부터 심히 부당한 대우를 받은 경우, ⑤ 배우자의 생사가 3년 이상 분명하지 않은 경우, ⑥ 기타 혼인을 계속하기 어려운 중대한 사유가 있는 경우.

(3) 이혼의 효과

이혼을 하면 이혼을 한 당사자들에게 결혼 생활을 할 때의 권리와 의무는 모두 사라지고, 결혼으로 인하여 배우자의 가족들과 맺어진 인척관계도 모두 사라진다.

이혼을 한 당사자들에게 미성년자인 자녀가 있으면 친권과 양육권을 누가 가질지에 대해서 정하여야 한다. 양육을 하지 않는 쪽에서는 양육을 하는 쪽에 양육비를 지급해야 하며, 양육을 하지 않더라도 자녀를 만나고 연락을 할 수 있도록 하는 면접교섭권을 가진다.

이혼을 할 때 결혼을 생활을 통해서 늘어난 재산에 대해서는 똑같이 나누어야 한다. 재산의 분할은 이혼을 한 날부터 2년이 넘으면 그 권리가 사라진다(민법 제839조의2 제3항).

4. 결 론

남편 A는 직장동료 C와 은밀한 관계를 맺어 아내 B에 대하여 부정한 행위를 하였기 때문에 B는 재판상 이혼을 청구할 수 있는 충분한 이유가 있다. 따라서 B는 A에게 부정한 행위를 이유로 이혼소송을 제기하고, 이혼에 이르게 된 사유를 제공한 남편 A에게 재산상 손해는 물론 정신적 손해에 대해서도 배상을 청구할 수 있다. 그리고 남편 A와 은밀한 관계를 맺은 A의 직장동료 C에 대해서도 손해배상을 청구할 수 있다.

그러나 B는 남편 A와 남편의 직장동료 C에 대해서 2015년 2월 헌법재판소 위헌 결정으로 간통죄가 폐지되면서 형사처벌을 받도록 할 수는 없다.

관련법률

[민법]

제840조(재판상 이혼원인) 부부의 일방은 다음 각호의 사유가 있는 경우에는 가정법원에 이혼을 청구할 수 있다.

1. 배우자에 부정한 행위가 있었을 때
2. 배우자가 악의로 다른 일방을 유기한 때
3. 배우자 또는 그 직계존속으로부터 심히 부당한 대우를 받았을 때
4. 자기의 직계존속이 배우자로부터 심히 부당한 대우를 받았을 때
5. 배우자의 생사가 3년 이상 분명하지 아니한 때
6. 기타 혼인을 계속하기 어려운 중대한 사유가 있을 때

관련판례

▷ 부부간의 의무를 지키지 않아 발생한 손해에 대해서 책임을 인정한 판결

대법원 2015.5.29. 선고 2013므2441 판결

「부부는 동거하며 서로 부양하고 협조할 의무를 진다(민법 제826조). 부부는 정신적·육체적·경제적으로 결합된 공동체로서 서로 협조하고 보호하여 부부공동생활로서의 혼인이 유지되도록 상호간에 포괄적으로 협력할 의무를 부담하고 그에 관한 권리를 가진다. 이러한 동거의무 내지 부부공동생활 유지의무의 내용으로서 부부는 부정행위를 하지 아니하여야 하는 성적 성실의무를 부담한다. 부부의 일방이 부정행위를 한 경우에 부부의 일방은 그로 인하여 배우자가 입은 정신적 고통에 대하여 불법행위에 의한 손해배상의무를 진다. 한편 제3자도 타인의 부부공동생활에 개입하여 부부공동생활의 파탄을 초래하는 등 그 혼인의 본질에 해당하는 부부공동생활을 방해하여서는 아니 된다. 제3자가 부부의 일방과 부정행위를 함으로써 혼인의 본질에 해당하는 부부공동생활을 침해하거나 유지를 방해하고 그에 대한 배우자로서의 권리를 침해하여 배우자에게 정신적 고통을 가하는 행위는 원칙적으로 불법행위를 구성한다. 그리고 부부의 일방과 제3자가 부담하는 불법행위책임은 공동불법행위책임으로서 부진정연대채무 관계에 있다.」

제 13 장

부부간의 일상가사대리권

::: 사 례 ::::::

남자 A와 여자 B는 각자 직장에 다니며 맞벌이를 하는 부부 사이다. A는 우연히 친구를 따라 경마장에 갔다가 재미삼아 경마를 시작하였지만 현재는 거의 중독 수준에 이르게 되어 아내 몰래 주변의 지인들에게 빌린 돈을 경마로 탕진하여 많은 빚을 지게 되었다. A가 돈을 갚지 못하자 주변의 지인들이 B에게 남편의 빚을 대신하여 갚을 것을 요구하며 자신의 월급까지 압류하겠다고 하고 있다.

B는 남편의 경마로 인한 빚을 대신해서 갚아야 하는가?

사안의 해결

1. 부부간의 재산 관계

(1) 부부간의 재산의 약정

부부가 결혼 전에 그 재산에 관하여 약정한 때에는 결혼 생활 도중에는 이를 변경하지 못한다. 그러나 정당한 사유가 있는 때에는 법원의 허가를 얻어 변경할 수 있다.

부부가 그 재산에 관하여 따로 약정을 한 때에는 결혼 전에 그

것을 등기해야만 부부의 승계인 또는 제삼자에게 부부가 약정한 내용을 주장할 수 있다(민법 제829조 제4항, 제5항).

(2) 부부 별산제

부부의 각자가 결혼 전부터 가진 고유재산과 결혼 생활중에 자기의 명의로 취득한 재산에 대해서는 자신의 소유로 인정한다. 그러나 부부의 누구에게 속한 것인지 알 수 없는 재산은 부부의 공유로 추정한다(민법 제830조).

2. 일상가사대리권

부부는 일상의 가사에 대리에 관하여 서로 대리권이 있다(민법 제827조 제1항).

일반적으로 인정되는 일상가사의 범위는 부부가 공동으로 가정생활에 필요한 식료품의 구입, 전기료와 수도료와 같은 공과금과 세금, 자녀의 교육비, 생활 용품의 구입 등이다.

따라서 일상가사로 지출한 비용에 대해서는 부부의 한 쪽에서 지출을 하였더라도 상대방이 같이 부담을 해야 하는 것이다(민법 제833조). 그러나 남편의 도박빚이나 아내의 사치품 구매로 인한 빚 등은 일상가사의 범위로 인정되지 않기 때문에 부부가 공동으로 부담해야 할 의무는 없다.

3. 결 론

A의 경마로 인하여 지인들에게 진 빚은 일상가사로 인정되지 않기 때문에 이것은 A의 채무이다. 따라서 법적으로 아내 B가 갚을 의무는 없으며, A의 지인들이 B의 월급을 압류할 수 없다. 그

러나 B가 남편 A의 지인들에게 남편의 빚을 갚겠다고 한 경우에는 남편의 빚을 대신해서 갚아야 한다.

관련법률

[민법]

제827조(부부간의 가사대리권) ① 부부는 일상의 가사에 관하여 서로 대리권이 있다.

② 전항의 대리권에 가한 제한은 선의의 제삼자에게 대항하지 못한다.

제832조(가사로 인한 채무의 연대책임) 부부의 일방이 일상의 가사에 관하여 제삼자와 법률행위를 한 때에는 다른 일방은 이로 인한 채무에 대하여 연대책임이 있다. 그러나 이미 제삼자에 대하여 다른 일방의 책임없음을 명시한 때에는 그러하지 아니하다.

제833조(생활비용) 부부의 공동생활에 필요한 비용은 당사자간에 특별한 약정이 없으면 부부가 공동으로 부담한다.

관련판례

▷ 부부간의 일상가사의 범위를 정하는 기준을 제시하고 있는 판결

대법원 2000.4.25. 선고 2000다8267 판결

「민법 제832조에서 말하는 일상의 가사에 관한 법률행위라 함은 부부의 공동생활에서 필요로 하는 통상의 사무에 관한 법률행위를

말하는 것으로, 그 구체적인 범위는 부부공동체의 사회적 지위·재산·수입 능력 등 현실적 생활 상태뿐만 아니라 그 부부의 생활장소인 지역사회의 관습 등에 의하여 정하여지나, 당해 구체적인 법률행위가 일상의 가사에 관한 법률행위인지 여부를 판단함에 있어서는 그 법률행위를 한 부부공동체의 내부 사정이나 그 행위의 개별적인 목적만을 중시할 것이 아니라 그 법률행위의 객관적인 종류나 성질 등도 충분히 고려하여 판단하여야 한다.」

제 14 장

재산의 상속과 포기

::: 사 례 ::::::

대학생 A는 초등학교 3학년 때 아버지의 가정폭력으로 인하여 부모님이 이혼을 하였다. 부모님의 이혼 후 A는 계속 어머니와 함께 살아왔으며, 부모님의 이혼 후 아버지를 한 번도 만난 적이 없었다. 어느 날 A는 B신용카드회사로부터 돌아가신 아버지의 연체된 신용카드대금 1,000만원을 대신해서 갚으라는 내용증명을 받으면서 이혼 후 한 번도 만난 적이 없는 아버지가 돌아가셨다는 것을 알았다.

A는 부모님의 이혼 후 한 번도 만난 적이 없는 아버지의 빚을 갚아야 하는가?

사안의 해결

1. 상속의 개시

상속은 사람이 죽으면 시작된다(민법 제997조).

사람이 죽으면 상속이 시작된다는 것은 죽은 사람의 사망신고를 하고나서 상속이 시작되는 것이 아니라 사람이 죽었다고 인정되면 동시에 상속도 시작된다는 의미이다.

2. 상속인

(1) 상속인의 순위

상속인의 순위는 다음과 같다.

① 제1순위: 사망한 사람(피상속인)의 직계비속(아들, 딸, 손자, 손녀 등)

② 제2순위: 사망한 사람(피상속인)의 직계존속(아버지, 어머니, 할아버지, 할머니 등)

③ 제3순위: 사망한 사람(피상속인)의 형제자매(형, 누나, 동생)

④ 제4순위: 사망한 사람(피상속인)의 4촌 이내의 방계혈족(삼촌, 고모, 이모 등)

(2) 배우자의 상속 순위

배우자는 직계 비속(제1순위 상속인)이나 직계 존속(제2순위 상속인)이 있는 경우에는 같은 순위로 공동으로 상속하고, 직계 비속이나 직계 존속이 없으면 단독으로 상속한다(민법 제1003조).

사실혼의 배우자는 상속인이 될 수 없다. 그러나 상속인이 없는 경우에는 특별연고자로서 법원에 청구하여 상속재산의 전부 또는 일부를 받을 수 있다(민법 제1057조의2).

(3) 태아의 상속권

상속에 있어서 태아는 이미 출생한 것으로 보기 때문에 태아도 상속인으로 인정된다(민법 제1000조 제3항). 그러나 태아로 있는 동안에는 상속을 받을 수 없고 살아서 태어나면 재산을 상속받는다.

태아에게 상속이 받을 권리가 인정되기 때문에 만약에 많은 빚으로 인하여 상속을 포기 하는 경우에 태아도 상속을 포기하야 빚을 물려받지 않게 된다.

3. 상속의 효과

상속인은 상속시작 되면 사망한 사람(피상속인)의 재산을 상속받는다.

재산에는 부동산, 현금 등과 같은 재산적 가치가 있는 재산뿐만 아니라 빚도 포함된다.

4. 상속의 승인

(1) 단순승인

상속인이 단순승인을 하면 제한 없이 사망한 사람(피상속인)의 권리와 의무를 상속 받는다. 상속인이 단순승인을 하겠다는 의사표시를 하지 않아도 상속인이 상속재산에 대한 처분행위를 하거나, 한정승인이나 상속포기를 하지 않거나, 상속인이 한정승인 또는 상속포기를 한 후에 상속재산을 숨기고 빼돌린 경우에는 단순승인을 한 것으로 본다.

(2) 한정승인

한정승인이란 상속인이 사망한 사람(피상속인)의 빚에 대해서 자신이 상속 받은 재산의 범위 내에서 갚는 것을 말한다. 한정승인을 하려면 사망한 사람(피상속인)이 사망한 것을 안 날로부터 3개월 내에 사망한 사람(피상속인)의 주소지를 관할하는 가정법원에 상속재산의 목록을 첨부하여 신고하면 된다.

5. 상속포기

(1) 의의

상속인이 사망한 사람(피상속인)으로부터 감당할 수 없을 만큼 많은 빚을 상속받을 경우에는 상속을 포기할 수 있다.

상속을 포기하면 다음 순위의 상속인들에게 상속 재산이 넘어가기 때문에 많은 빚으로 인하여 상속을 포기하는 경우 다른 상속인들에게 상속을 포기한다는 사실을 알려줘서 많은 빚은 상속받지 않도록 해야 한다.

(2) 상속포기의 신고

상속을 포기 하려면 사망한 사람(피상속인)이 사망한 것을 안 날로부터 3개월 내에 사망한 사람(피상속인)의 주소지를 관할하는 가정법원에 상속포기 신고를 하면 된다.

상속인은 자신보다 앞에 있는 상속인이 상속을 포기하지 않았다 하더라도 앞에 있는 상속인보다 먼저 또는 앞에 있는 상속인과 동시에 상속포기의 신고를 할 수 있다(상속포기의 신고에 관한 예규 제3조).

6. 결 론

A의 어머니는 이미 아버지와 이혼을 하여 더 이상 가족관계가 인정되지 않는다. 그러나 A는 아버지와 이혼한 어머니와 달리 부모님의 이혼으로 아버지와의 가족관계에는 아무런 영향이 없다.

A가 부모님의 이혼 후에 아버지와 왕래가 없었다 하더라도 법적으로 아버지와 아들이라는 관계가 인정되므로 제1순위 상속인의

지위를 가진다.

그렇기 때문에 A는 상속을 포기하지 않는 이상 돌아가신 아버지의 빚을 물려받게 된다.

따라서 A는 B신용카드회사로부터 내용증명을 받은 날에 아버지가 돌아가셨다는 사실을 알게 되었으므로 내용증명을 받은 날로 부터 3개월 내에 돌아가신 아버지의 주소지를 관할하는 가정법원에 가서 상속을 포기하겠다는 신고를 하면 돌아가신 아버지의 빚을 물려받지 않게 된다.

관련법률

[민법]

제1000조(상속의 순위) ① 상속에 있어서는 다음 순위로 상속인이 된다.

1. 피상속인의 직계비속
2. 피상속인의 직계존속
3. 피상속인의 형제자매
4. 피상속인의 4촌 이내의 방계혈족

② 전항의 경우에 동순위의 상속인이 수인인 때에는 최근친을 선순위로 하고 동친등의 상속인이 수인인 때에는 공동상속인이 된다.

③ 태아는 상속순위에 관하여는 이미 출생한 것으로 본다.

제1003조(배우자의 상속순위) ① 피상속인의 배우자는 제1000조 제1항 제1호와 제2호의 규정에 의한 상속인이 있는 경우에는

그 상속인과 동순위로 공동상속인이 되고 그 상속인이 없는 때에는 단독상속인이 된다.

② 제1001조의 경우에 상속개시전에 사망 또는 결격된 자의 배우자는 동조의 규정에 의한 상속인과 동순위로 공동상속인이 되고 그 상속인이 없는 때에는 단독상속인이 된다.

제1019조(승인, 포기의 기간) ① 상속인은 상속개시있음을 안 날로부터 3월내에 단순승인이나 한정승인 또는 포기를 할 수 있다. 그러나 그 기간은 이해관계인 또는 검사의 청구에 의하여 가정법원이 이를 연장할 수 있다.

② 상속인은 제1항의 승인 또는 포기를 하기 전에 상속재산을 조사할 수 있다.

③ 제1항의 규정에 불구하고 상속인은 상속채무가 상속재산을 초과하는 사실을 중대한 과실없이 제1항의 기간내에 알지 못하고 단순승인(제1026조 제1호 및 제2호의 규정에 의하여 단순승인한 것으로 보는 경우를 포함한다)을 한 경우에는 그 사실을 안 날부터 3월내에 한정승인을 할 수 있다.

민법 1028조(한정승인의 효과) 상속인은 상속으로 인하여 취득할 재산의 한도에서 피상속인의 채무와 유증을 변제할 것을 조건으로 상속을 승인할 수 있다.

보충자료 안심상속 원스톱 서비스

(1) 안심상속 원스톱 서비스의 시행 이유

기존에 금융감독원에서 제공하고 있는 '상속인 금융거래조회 서비스'는 금융기관에 대해서만 상속인들이 사망한 사람(피상속인)의 재산을 파악할 수 있 한계를 가지고 있었다. 그래서 상속인들은 사망한 사람(피상속인)의 재산을 파악하기 위하여 여러 곳을 찾아 다녀야 하는 불편함이 있었다. 이러한 불편함을 개선하기 위해 정부에서는 '안심상속 원스톱 서비스'를 시행하고 있다.

(2) 안심상속 원스톱 서비스의 조회 범위

상속인들은 사망한 사람(피상속인)의 금융거래, 토지, 자동차, 국민연금, 국세, 지방세 등 6종의 재산조회 할 수 있도록 하여 한 번에 사망한 사람의 재산을 파악 할 수 있도록 하고 있다.

(3) 안심상속 원스톱 서비스의 신청방법

사망한 사람의 주민등록지에서 사망신고 접수를 하는 담당하는 시청이나 구청, 읍사무소·면사무소·동 주민센터 민원실의 가족관계등록 담당공무원에게 사망신고를 하면서 통합신청서 1장만 작성하면 은행별로 예금잔액까지 확인할 수 있도록 하고 있다.

제 15 장

유언과 상속

::: 사 례 ::::::

A는 직장에서 정년퇴직을 하고 지내다가 80세가 되었을 때 삶을 마감하였다. A의 유족으로는 아내와 두 명의 아들이 있었으며, 남긴 재산은 14억원이 되었다. A가 사망하고 난 후 생전에 A가 직접 작성한 유언장에는 자신의 재산의 반인 7억은 아내 B에게 주고, 나머지 반인 7억은 장남 C에게 주고, 평소에 부모님께 함부로 대하며 방탕한 삶을 살고 있는 차남 D에게는 자신의 재산을 주지 않겠다는 내용이 적혀있었다. 과연 A의 차남 D는 아버지의 유언대로 재산을 물려받지 못하게 되는가?

사안의 해결

1. 유 언

(1) 유언의 방식

우리 민법에서는 다섯 가지의 유언의 방식을 인정하고 있으며, 법에서 정한 형식을 갖추지 않은 유언은 유언의 효력을 인정하지 않는다(민법 제1065조).

민법에서 규정하고 있는 유언의 방식은 다음과 같다.

① 자필증서에 의한 유언은 유언자가 유언의 내용과 연월일, 주소, 성명을 쓰고 도장을 찍으면 유언장이 완성된다(민법 제1066조).

② 녹음에 의한 유언은 유언자가 유언의 내용과 그 성명과 연월일을 말하고 유언에 참여한 증인이 유언의 정확함과 그 성명을 말하면 된다(민법 제1067조).

③ 공증증서에 의한 유언은 유언자가 증인 2인이 참여한 공증인의 앞에서 유언의 내용을 말하고 공증인이 유언의 내용을 쓰고 읽어서 유언자와 증인이 그 정확함을 승인한 후 각자 서명을 하거나 도장을 찍으면 유언장이 완성된다(민법 제1068조).

④ 비밀증서에 의한 유언은 유언자가 유언의 내용을 쓰고, 유언장을 봉투에 넣어 봉투의 입구를 뜯지 못하도록 봉인을 하고, 이를 2인 이상의 증인의 앞에 제출하여 자기의 유언서임을 표시한 후 그 봉투표면에 제출연월일을 기재하고 유언자와 증인이 각자 서명을 하거나 도장을 찍은 다음에 그 봉투를 봉투의 표면에 기재된 날로부터 5일내에 공증인 또는 법원서기에게 제출하여 확정일자인을 받으면 된다(민법 제1069조).

⑤ 구수증서에 의한 유언은 질병 기타 급박한 사유로 인하여 자필증서에 의한 유언, 녹음에 의한 유언, 공증증서에 의한 유언, 비밀증서에 의한 유언을 할 수 없는 경우에 유언자가 2인 이상의 증인의 참여로 그 1인에게 유언의 취지를 말하고 유언의 내용을 받아 적고 읽어서 유언자의 증인이 그 정확함을 승인한 후 각자 서명하거나 도장을 찍으면 된다(민법 제1070조 제1항).

구수증서에 의한 유언은 그 증인 또는 이해관계인이 급박한 사유의 종료한 날로부터 7일내에 법원에 그 검인을 신청하여야 효력이 인정된다(민법 제1070조 제2항).

2. 법정상속분

같은 순위의 상속인이 여러 명인 때에는 그 상속분은 서로 똑같이 나누는 것이 원칙이다(민법 제1009조 제1항). 그러나 피상속인의 배우자의 상속분은 직계비속과 공동으로 상속하는 때에는 직계비속의 상속분의 5할을 가산하고, 직계존속과 공동으로 상속하는 때에는 직계존속의 상속분의 5할을 가산한다(민법 제1009조 제2항).

3. 기여분

공동으로 상속을 받는 사람들 중에 상당한 기간 동거나 간호 그 밖의 방법으로 피상속인을 특별히 부양하거나 피상속인의 재산의 유지 또는 증가에 특별히 기여한 사람이 있을 때에는 상속개시 당시의 피상속인의 재산가액에서 공동으로 상속을 받는 사람들이 협의를 하여 정한 그 사람의 기여분을 공제한 것을 상속재산으로 보고 상속분에 기여분을 가산한 액수를 그 사람의 상속분으로 한다(민법 제1008조의2 제1항). 그러나 상속인들 사이에 협의가 되지 않거나 협의할 수 없는 때에는 가정법원은 기여를 한 상속인의 청구에 의하여 기여의 시기·방법 및 정도와 상속재산의 액수 기타의 사정을 참작하여 기여분을 정한다(민법 제1008조의2 제2항).

4. 유류분

(1) 유류분의 의의

유류분이란 상속 재산이 일부 상속인에게만 상속 되어버리면 상속 다른 상속인들이 생활을 하는데 어려워지는 상황이 발생할 수 있기 때문에 상속 재산에 일부에게 집중 되는 것을 방지하고자 민법에서 상속 재산의 일부분을 상속인들에게 보장해 주는 것을 말한다.

(2) 유류분의 권리자와 유류분

유류분을 요구할 수 있는 권리자의 유류분은 다음과 같다(민법 제1112조).

① 피상속인의 직계비속은 그 법정상속분의 2분의 1

② 피상속인의 배우자는 그 법정상속분의 2분의 1

③ 피상속인의 직계존속은 그 법정상속분의 3분의 1

④ 피상속인의 형제자매는 그 법정상속분의 3분의 1

(3) 유류분의 포기와 소멸시효

유류분도 포기를 할 수 있다. 그러나 상속이 시작되기 전에 미리 유류분의 권리를 포기하지 못한다. 유류분권리자가 상속의 개시와 반환하여야 할 증여 또는 유증을 한 사실을 안 때로부터 1년, 상속이 개시한 때로부터 10년이 넘으면 유류분을 요구할 수 없다(민법 제1117조).

5. 결 론

A가 유언장에 차남 D에게 자신의 재산을 하나도 주지 않겠다고 하였지만 우리 민법에서는 유류분이라는 것이 규정되어 있어 D는

자신의 앞으로 아버지 A에게 최소한 상속을 받을 수 있는 재산이 있다.

먼저 유류분을 계산하기 위해서는 법정상속분부터 계산해야한다.

민법의 규정상 A의 아내 B와 장남 C 그리고 차남 D의 법정상속비율은 다음과 같다.

아내 B	:	장남 C	:	차남 D
1.5	:	1	:	1

A가 남긴 14억원의 재산에서 아내의 법정상속분 6억원, 장남 C의 법정상속분 4억원, 차남 D의 법정상속분은 4억원 이다.

따라서 차남 D는 자신의 법정상속분의 4억원의 2분의 1인 2억원을 유류분으로 받을 수 있으므로 어머니 B와 형인 C에게서 자신의 몫을 받으면 된다.

관련법률

[민법]

제1000조(상속의 순위) ① 상속에 있어서는 다음 순위로 상속인이 된다.

1. 피상속인의 직계비속
2. 피상속인의 직계존속
3. 피상속인의 형제자매

4. 피상속인의 4촌 이내의 방계혈족

② 전항의 경우에 동순위의 상속인이 수인인 때에는 최근친을 선순위로 하고 동친 등의 상속인이 수인인 때에는 공동상속인이 된다.

③ 태아는 상속순위에 관하여는 이미 출생한 것으로 본다.

제1009조(법정상속분) ① 동순위의 상속인이 수인인 때에는 그 상속분은 균분으로 한다.

② 피상속인의 배우자의 상속분은 직계비속과 공동으로 상속하는 때에는 직계비속의 상속분의 5할을 가산하고, 직계존속과 공동으로 상속하는 때에는 직계존속의 상속분의 5할을 가산한다.

제1112조(유류분의 권리자와 유류분) 상속인의 유류분은 다음 각호에 의한다.

1. 피상속인의 직계비속은 그 법정상속분의 2분의 1
2. 피상속인의 배우자는 그 법정상속분의 2분의 1
3. 피상속인의 직계존속은 그 법정상속분의 3분의 1
4. 피상속인의 형제자매는 그 법정상속분의 3분의 1

제1117조(소멸시효) 반환의 청구권은 유류분권리자가 상속의 개시와 반환하여야 할 증여 또는 유증을 한 사실을 안 때로부터 1년내에 하지 아니하면 시효에 의하여 소멸한다. 상속이 개시한 때로부터 10년을 경과한 때도 같다.

▌관련판례

▷ 공동상속인이 유류분권리자에게 반환하여야 할 재산과 범위를 정한 판결

대법원 2013.3.14. 선고 2010다42624,42631 판결

「증여 또는 유증을 받은 재산 등의 가액이 자기 고유의 유류분액을 초과하는 수인의 공동상속인이 유류분권리자에게 반환하여야 할 재산과 범위를 정할 때에, 수인의 공동상속인이 유증받은 재산의 총 가액이 유류분권리자의 유류분 부족액을 초과하는 경우에는 유류분 부족액의 범위 내에서 각자의 수유재산(수유재산)을 반환하면 되는 것이지 이를 놓아두고 수증재산(수증재산)을 반환할 것은 아니다. 이 경우 수인의 공동상속인이 유류분권리자의 유류분 부족액을 각자의 수유재산으로 반환할 때 분담하여야 할 액은 각자 증여 또는 유증을 받은 재산 등의 가액이 자기 고유의 유류분액을 초과하는 가액의 비율에 따라 안분하여 정하되, 그중 어느 공동상속인의 수유재산의 가액이 그의 분담액에 미치지 못하여 분담액 부족분이 발생하더라도 이를 그의 수증재산으로 반환할 것이 아니라, 자신의 수유재산의 가액이 자신의 분담액을 초과하는 다른 공동상속인들이 위 분담액 부족분을 위 비율에 따라 다시 안분하여 그들의 수유재산으로 반환하여야 한다. 나아가 어느 공동상속인 1인이 수개의 재산을 유증받아 각 수유재산으로 유류분권리자에게 반환하여야 할 분담액을 반환하는 경우, 반환하여야 할 각 수유재산의 범위는 특별한 사정이 없는 한 민법 제1115조 제2항을 유추·적용하여 각 수유재산의 가액에 비례하여 안분하는 방법으로 정함이 타당하다.」

제 16 장

보험 계약

::: 사 례 ::::::

직장인 A는 개인적으로 친분이 있는 보험설계사 B의 권유를 받아 자신의 어머니 C를 피보험자로 하고 자신은 보험계약자와 보험수익자로 하는 D보험회사의 생명보험에 가입하였다. 보험에 가입하면서 보험계약서에 피보험자인 어머니 C가 서명을 해야 하는 부분에 A자신이 대신 해서 서명을 하고 어머니 C에게는 생명보험을 가입하였다는 사실을 알리지 않았다.

보험가입 후 2년이 지난 후 어머니 C가 교통사고로 사망하게 되자 D보험회사에 보험금을 청구하였다. 그러나 D보험회사는 A에게 생명보험계약 당시 계약서에 어머니 C의 동의를 받지 않고 A가 서명을 하여 보험계약이 무효이기 때문에 보험금 지급을 거부하였다.

A는 어머니와 아들 사이라서 어머니께 보험가입사실을 알렸으면 보험에 가입하는 것을 반대하시지 않았을 것이라는 것과 2년 동안 보험금을 계속 납부하였다는 것을 이유로 생명보험계약체결에 아무런 문제가 없으며 D보험회사에게 보험금 지급을 청구하였다.

A는 D보험회사로부터 보험금을 받을 수 있는가?

사안의 해결

1. 보험을 계약할 때 유의해야 할 사항

(1) 자신에게 필요한 보험인지 확인을 하자

보험이라는 것은 앞으로 닥칠 위험에 대해서 대비를 하는 것이기 때문에 자신에게 필요한 보험인지 필요하지 않는 보험인지 잘 생각해보고 가입을 해야 불필요한 지출을 막고 자신이 꼭 필요할 때 도움을 받을 수 있다.

그리고 보험가입을 할 때 한 회사의 보험상품보다는 다른 회사의 보험상품과 비교하여 납부하는 보험금과 보험에서 보장하는 내용을 비교해보고 가입해야 한다.

(2) 보험계약을 할 때 당사자를 정확하게 구분하자

보험계약의 당사자로 3가지로 나눌 수 있다. 보험계약을 하는 사람인 계약자와 보험금을 지급하는 사유가 발생하는 사람인 피보험자와 보험금을 받게 되는 사람인 수익자로 나눈다. 따라서 누가 보험에 가입하고, 누가 보험금을 납부하고, 누구에게 어떤 일이 발생하면 보험금이 나오고, 누가 보험금을 받아 갈 것인지 보험을 할 때 보험계약서에 정확하게 작성해야 한다.

(3) 보험회사에 알려야 할 의무(고지의무)

보험계약을 할 때 보험회사에서 묻는 보험계약을 하기 전에 앓았던 질병, 장애, 직업 등과 같은 중요한 사항에 대해서 보험계약자나 피보험자는 숨기지 않고 사실대로 알려야 한다. 보험계약자나 피보험자가 보험회사에서 묻는 중요한 사항에 대해서 숨기거나 거짓으로 알리면 보험의 보장이 제한되거나 보험계약이 해지가 되어 아무런 혜택을 받지 못할 수도 있기 때문에 유의해야 한다.

그리고 일부 보험설계사가 자신의 보험가입실적을 올리기 위하여 보험계약자나 가입자가 중요한 사항에 대해서 알리는 것을 회사에 제대로 전달하지 않을 수 있기 때문에 보험설계사의 말만 전부 믿지 말고 보험회사의 민원 창구에 직접 확인을 하고 가입하여 나중에 발생할 수 있는 분쟁에 대해서 준비하도록 해야 한다.

(4) 보험계약서에 반드시 당사자가 직접 서명을 하자

보험계약을 할 때 보험설계사가 보험약관을 보여주며 설명을 하고 그것을 보험계약을 하는 당사자들이 알아들었다는 의미로 서명을 한다. 서명을 할 때에는 반드시 다른 사람을 시키지 말고 본인이 직접 서명을 하여 나중에 보험계약이 해지되어 보장을 받지 못하는 상황이 발생하지 않도록 해야 한다.

특히, 생명보험에서는 서면으로 피보험자의 동의를 받지 않은 경우 그 보험계약은 효력이 없다.

2. 보험약관의 교부 · 설명 의무

보험사업자는 보험계약을 할 때 보험계약자나 피보험자에게 보험의 내용을 적어놓은 약관을 보여주면서 중요한 내용을 설명해주어야 한다.

보험사업자가 보험약관의 교부하지 않거나 약관의 중요한 내용을 설명하지 않은 경우 보험계약자는 보험계약이 체결한 날부터 3

개월 이내에 보험계약을 취소할 수 있다.

3. 결 론

A는 어머니 C에게 알리지 않고 보험계약서에 피보험자인 어머니 C가 직접 서명을 해야하는 부분에 자신이 직접 서명을 하였으므로 동의 없이 D보험회사의 생명보험에 가입하였다고 볼 수 있다.

A가 어머니 C와 어머니와 아들이라는 관계로 보험에 가입하였고, 보험금을 2년 동안 계속 납부하였다 해도 생명보험의 피보험자인 어머니 C의 동의 없이 가입하였으므로 D보험회사에 가입한 생명보험은 효력이 없다.

따라서 D보험회사는 A가 어머니 C의 사망을 이유로 지급을 요청한 보험금에 대해서 지급을 하지 않아도 된다. 하지만 2년 동안 A가 납부한 보험금에 대해서는 약관의 규정에 따라 전부 또는 일부를 돌려줘야 한다.

관련법률

[상법]

제638조의3(보험약관의 교부 · 설명 의무) ① 보험자는 보험계약을 체결할 때에 보험계약자에게 보험약관을 교부하고 그 약관의 중요한 내용을 설명하여야 한다.

② 보험자가 제1항을 위반한 경우 보험계약자는 보험계약이 성립한 날부터 3개월 이내에 그 계약을 취소할 수 있다.

제731조(타인의 생명의 보험) ① 타인의 사망을 보험사고로 하

는 보험계약에는 보험계약 체결시에 그 타인의 서면에 의한 동의를 얻어야 한다.

② 보험계약으로 인하여 생긴 권리를 피보험자가 아닌 자에게 양도하는 경우에도 제1항과 같다.

[보험업법]

제95조의2(설명의무 등) ① 보험회사 또는 보험의 모집에 종사하는 자는 일반보험계약자에게 보험계약 체결을 권유하는 경우에는 보험료, 보장범위, 보험금 지급제한 사유 등 대통령령으로 정하는 보험계약의 중요 사항을 일반보험계약자가 이해할 수 있도록 설명하여야 한다.

② 보험회사 또는 보험의 모집에 종사하는 자는 제1항에 따라 설명한 내용을 일반보험계약자가 이해하였음을 서명, 기명날인, 녹취, 그 밖에 대통령령으로 정하는 방법으로 확인을 받아야 한다.

③ 보험회사는 보험계약의 체결 시부터 보험금 지급 시까지의 주요 과정을 대통령령으로 정하는 바에 따라 일반보험계약자에게 설명하여야 한다. 다만, 일반보험계약자가 설명을 거부하는 경우에는 그러하지 아니하다.

④ 보험회사는 일반보험계약자가 보험금 지급을 요청한 경우에는 대통령령으로 정하는 바에 따라 보험금의 지급절차 및 지급내역 등을 설명하여야 하며, 보험금을 감액하여 지급하거나 지급하지 아니하는 경우에는 그 사유를 설명하여야 한다.

관련판례

▷ 보험가입 당사자의 동의를 받지 않은 생명보험의 무효를 인정한 판결

대법원 2015.10.15. 선고 2014다204178 판결

「상법 제731조 제1항이 타인의 사망을 보험사고로 하는 보험계약의 체결 시 타인의 서면동의를 얻도록 규정한 것은 동의의 시기와 방식을 명확히 함으로써 분쟁의 소지를 없애려는 데 취지가 있으므로, 피보험자인 타인의 동의는 각 보험계약에 대하여 개별적으로 서면에 의하여 이루어져야 하고 포괄적인 동의 또는 묵시적이거나 추정적 동의만으로는 부족하다. 그리고 상법 제731조 제1항에 의하면 타인의 생명보험에서 피보험자가 서면으로 동의의 의사표시를 하여야 하는 시점은 '보험계약 체결 시까지'이고, 이는 강행규정으로서 이에 위반한 보험계약은 무효이므로, 타인의 생명 보험계약 성립 당시 피보험자의 서면동의가 없다면 보험계약은 확정적으로 무효가 되고, 피보험자가 이미 무효로 된 보험계약을 추인하였다고 하더라도 보험계약이 유효로 될 수는 없다.」

제 17 장

근로계약과 최저임금

::: 사 례 ::::::

대학생 A는 겨울방학 기간인 약 3개월 동안 자신이 살고 있는 집 근처에 있는 편의점에서 평일 오전 8시부터 오후 4시까지 근무하기로 하였다. 편의점 사장 B는 A와 근로계약을 체결하면서 근로계약서를 따로 작성하지 않았으며, 시급 또한 편의점 운영이 어렵다는 이유로 최저임금보다 낮게 지급하겠다고 한다. A는 자신이 손해를 본다는 생각이 들었지만 편의점에서 일을 하고 싶어서 그냥 편의점 사장 B가 주기로 약속한 임금을 받으면서 일을 하기로 하였다.

대학생 A와 편의점 사장 B가 체결한 근로계약은 정당한 근로계약인가?

사안의 해결

1. 근로계약

(1) 근로계약서의 작성

사용자와 근로의 내용에 대해서 반드시 서면으로 작성하고, 작성한 계약서를 근로자에게 줘야 하는 의무가 있다.

사용자가 근로계약서를 작성하여 근로자에게 주지 않으면 500만원 이하의 벌금을 내야한다.

(2) 근로계약서의 내용

근로계약서에는 임금, 소정근로시간, 휴일, 연차 유급휴가와 같은 내용이 반드시 들어가야 한다. 그 밖에 따로 정하는 내용이 있으면 근로계약서에 넣을 수 있다.

(3) 근로기준법에 미달한 근로계약

근로기준법에서 정하고 있는 기준에 미치지 못하는 근로조건을 정한 근로계약의 경우 근로자의 동의를 받은 경우라도 그 부분에 대해서 무효가 되고, 무효가 된 부분은 근로기준법에서 정한 기준에 따른다.

2. 최저임금

사용자는 최저임금법에서 정한 경우를 제외하고는 근로자에게 최저임금액 이상의 임금을 지급하여야 한다.

사용자는 최저임금의 적용을 받는 근로자에게 최저임금보다 낮은 임금을 지급하기로 근로자와 합의를 한 경우에 그 계약은 무효로 하고 최저임금액과 동일한 금액을 임금을 지급하여야 한다.

최저임금법을 위반하여 최저임금액보다 낮은 임금을 지급하는 사용자에게는 3년 이하의 징역 또는 2천만원 이하의 벌금에 처하도록 규정하고 있다(최저임금법 제28조 제1항).

2017년도의 최저임금은 시간급은 6,470원 이며, 월급(209시간 기준)은 1,352,230원이다.

3. 결 론

대학생 A(근로자)와 편의점 사장 B(사용자) 사이에 체결한 근로계약에서 B가 A에게 최저임금보다 낮게 지급하기로 한 부분은 무효이다.

그리고 B는 A가 따로 요구를 하지 않더라도 근로계약서를 작성하여 A에게 줘야하는 의무가 있다.

따라서 B는 A에게 근로계약 체결 시 근로계약서를 작성하여 줘야 하며, 최저임금보다 낮게 시급을 지급하기로 한 부분에 대해서는 최저임금으로 정한 시급을 지급해야 한다.

만약에 B가 이러한 사항을 지키지 않는 다면 B는 법에서 정한 규정에 따라 처벌을 받는다.

관련법률

[근로기준법]

제15조(이 법을 위반한 근로계약) ① 이 법에서 정하는 기준에 미치지 못하는 근로조건을 정한 근로계약은 그 부분에 한하여 무효로 한다.

② 제1항에 따라 무효로 된 부분은 이 법에서 정한 기준에 따른다.

제17조(근로조건의 명시) ① 사용자는 근로계약을 체결할 때에 근로자에게 다음 각 호의 사항을 명시하여야 한다. 근로계약 체결 후 다음 각 호의 사항을 변경하는 경우에도 또한 같다.

1. 임금
2. 소정근로시간
3. 제55조에 따른 휴일
4. 제60조에 따른 연차 유급휴가
5. 그 밖에 대통령령으로 정하는 근로조건

② 사용자는 제1항 제1호와 관련한 임금의 구성항목·계산방법·지급방법 및 제2호부터 제4호까지의 사항이 명시된 서면을 근로자에게 교부하여야 한다. 다만, 본문에 따른 사항이 단체협약 또는 취업규칙의 변경 등 대통령령으로 정하는 사유로 인하여 변경되는 경우에는 근로자의 요구가 있으면 그 근로자에게 교부하여야 한다.

[최저임금법]

제6조(최저임금의 효력) ① 사용자는 최저임금의 적용을 받는 근로자에게 최저임금액 이상의 임금을 지급하여야 한다.

② 사용자는 이 법에 따른 최저임금을 이유로 종전의 임금수준을 낮추어서는 아니 된다.

③ 최저임금의 적용을 받는 근로자와 사용자 사이의 근로계약 중 최저임금액에 미치지 못하는 금액을 임금으로 정한 부분은 무효로 하며, 이 경우 무효로 된 부분은 이 법으로 정한 최저임금액과 동일한 임금을 지급하기로 한 것으로 본다.

④ 다음 각 호의 어느 하나에 해당하는 임금은 제1항과 제3항에 따른 임금에 산입(算入)하지 아니한다.

1. 매월 1회 이상 정기적으로 지급하는 임금 외의 임금으로서 고용노동부장관이 정하는 것
2. 「근로기준법」 제2조 제1항 제7호에 따른 소정(所定)근로시간(이하 "소정근로시간"이라 한다) 또는 소정의 근로일에 대하여 지급하는 임금 외의 임금으로서 고용노동부장관이 정하는 것
3. 그 밖에 최저임금액에 산입하는 것이 적당하지 아니하다고 인정하여 고용노동부장관이 따로 정하는 것

⑤ 제4항에도 불구하고 「여객자동차 운수사업법」 제3조 및 같은 법 시행령 제3조 제2호다목에 따른 일반택시운송사업에서 운전업무에 종사하는 근로자의 최저임금에 산입되는 임금의 범위는 생산고에 따른 임금을 제외한 대통령령으로 정하는 임금으로 한다.

⑥ 제1항과 제3항은 다음 각 호의 어느 하나에 해당하는 사유로 근로하지 아니한 시간 또는 일에 대하여 사용자가 임금을 지급할 것을 강제하는 것은 아니다.

1. 근로자가 자기의 사정으로 소정근로시간 또는 소정의 근로일의 근로를 하지 아니한 경우
2. 사용자가 정당한 이유로 근로자에게 소정근로시간 또는 소정의 근로일의 근로를 시키지 아니한 경우

⑦ 도급으로 사업을 행하는 경우 도급인이 책임져야 할 사유로 수급인이 근로자에게 최저임금액에 미치지 못하는 임금을 지급한 경우 도급인은 해당 수급인과 연대(連帶)하여 책임을 진다.

⑧ 제7항에 따른 도급인이 책임져야 할 사유의 범위는 다음 각 호와 같다.

1. 도급인이 도급계약 체결 당시 인건비 단가를 최저임금액에 미치지 못하는 금액으로 결정하는 행위
2. 도급인이 도급계약 기간 중 인건비 단가를 최저임금액에 미치지 못하는 금액으로 낮춘 행위

⑨ 두 차례 이상의 도급으로 사업을 행하는 경우에는 제7항의 "수급인"은 "하수급인(下受給人)"으로 보고, 제7항과 제8항의 "도급인"은 "직상(直上) 수급인(하수급인에게 직접 하도급을 준 수급인)"으로 본다.

제28조(벌칙) ① 제6조 제1항 또는 제2항을 위반하여 최저임금액보다 적은 임금을 지급하거나 최저임금을 이유로 종전의 임금을 낮춘 자는 3년 이하의 징역 또는 2천만원 이하의 벌금에 처한다. 이 경우 징역과 벌금은 병과(倂科)할 수 있다.

② 도급인에게 제6조 제7항에 따라 연대책임이 발생하여 근로감독관이 그 연대책임을 이행하도록 시정지시하였음에도 불구하고 도급인이 시정기한 내에 이를 이행하지 아니한 경우 2년 이하의 징역 또는 1천만원 이하의 벌금에 처한다.

제 18 장

산업재해보상보험

::: 사 례 ::::::

대학생 A는 학교에서 수업을 마치고 자신이 다니고 있는 대학교의 근처에 있는 B커피전문점에서 아르바이트를 하고 있다.

어느 날 대학생 A는 손님이 주문한 커피를 준비하다가 끓는 물을 쏟아 왼쪽 손의 손등과 왼쪽 허벅지 쪽에 3주 동안 치료를 받아야 하는 화상을 입었다.

A는 B커피전문점 사장 C에게 화상을 입어 치료를 받아야 하니 치료를 받을 수 있도록 도와달라고 부탁하였다.

그러나 C는 A에게 B커피전문점은 소규모 사업장이라 산재보험(산업재해보상보험)을 가입하고 있지 않으며, A가 잘못하여 다친 것이니 자신은 책임이 없으며, 스스로 알아서 치료를 하라고 하였다.

이런 경우 A는 어떻게 해야 하는가?

사안의 해결

1. 산업재해보상보험제도의 의의

근로자가 업무를 하다가 부상 · 질병 · 장해 또는 사망 등의 피해를 입은 경우에 근로자를 보호하기 위하여 마련된 사회보험이다.

2. 산업재해보상보험가입 대상 사업장

원칙적으로 근로자를 1명이라도 사업하는 사업장은 산업재해보상보험에 가입해야 하는 사업장이다.

산업재해가 발생하였을 때, 산업재해보상보험에 가입하지 않은 사업장이라도 보험의 혜택을 받을 수 있다. 그러나 산업재해보상보험료와는 별도로 산업재해보상보험의 가입신고를 게을리 한 기간 중에 발생한 재해에 대한 요양급여・휴업급여・장해급여・간병급여・유족급여・상병보상연금에서 지급을 결정한 금액의 100분의 50에 해당하는 금액을 따로 납부하여야 한다.

산업재해보상보험에 가입하지 않은 사업장은 산업재해발생 시 그 부담이 클 수도 있기 때문에 근로자를 1명이라도 고용하고 있는 사업장은 반드시 산업재해보상보험에 가입하여 근로자의 보호는 물론 자신의 경제적 부담을 줄이도록 해야 할 것이다.

3. 산업재해보상보험 급여의 종류

(1) 요양급여

요양급여는 근로자가 업무상의 사유로 부상을 당하거나 질병에 걸린 경우에 그 근로자에게 지급하는 것으로 진찰 및 검사, 약제 또는 진료재료와 의지(義肢) 그 밖의 보조기의 지급 그리고 처치, 수술, 그 밖의 치료, 재활치료, 입원, 간호 및 간병, 이송 등에 지출되는 급여를 말한다(산업재해보상보험법 제40조).

(2) 휴업급여

휴업급여는 업무상 사유로 부상을 당하거나 질병에 걸린 근로자에게 요양으로 취업하지 못한 기간에 대하여 지급하는 급여를 말한다.

휴업급여는 1일당 지급액은 평균임금의 100분의 70에 상당하는 금액으로 한다. 다만, 취업하지 못한 기간이 3일 이내이면 휴업급여를 지급하지 않는다(산업재해보상보험법 제52조).

(3) 장해급여

장해급여는 근로자가 업무상의 사유로 부상을 당하거나 질병에 걸려 치유된 후에도 신체 등에 장해가 발생한 경우에 그 등급에 따라 근로자에게 지급하는 급여를 말한다(산업재해보상보험법 제57조).

(4) 간병급여

간병급여는 요양급여를 받은 근로자 중에서 치유 후 의학적으로 상시 또는 수시로 간병이 필요하여 실제로 간병을 받는 자에게 지급하는 급여를 말한다(산업재해보상보험법 제61조).

(5) 유족급여

유족급여는 근로자가 업무상의 사유로 사망한 경우에 유족에게 지급하는 급여를 말한다.

유족급여는 유족보상연금이나 유족보상일시금으로 지급하되, 유족보상일시금은 근로자가 사망할 유족보상연금을 받을 수 있는 자격이 있는 자가 없는 경우에 지급한다(산업재해보상보험법 제62조).

(6) 상병(傷病)보상연금

요양급여를 받는 근로자가 요양을 시작한 지 2년이 지난 날 이후에 그 부상이나 질병이 치유되지 아니한 상태이거나, 그 부상이나 질병에 따른 폐질(廢疾)의 정도가 심하거나, 요양으로 인하여 취업하지 못한 경우에 휴업급여 대신 상병보상연금을 그 근로자에게 지급한다(산업재해보상보험법 제66조).

(7) 장의비(葬儀費)

장의비는 근로자가 업무상의 사유로 사망한 경우에 지급하며, 평균임금의 120일분에 상당하는 금액을 그 장례를 지낸 유족에게 지급한다. 다만, 장제를 지낼 유족이 없거나 그 밖에 부득이한 사유로 유족이 아닌 자가 장례를 지낸 경우에는 평균임금의 120일분에 상당하는 금액의 범위에서 실제 드는 비용을 그 장례를 지낸 자에게 지급한다(산업재해보상보험법 제71조).

(8) 직업재활급여

직업재활급여란 산업재해를 당한 근로자 중에서 취업을 위하여 직업훈련이 필요한 사람에 대하여 실시하는 직업훈련에 드는 비용과 업무상의 재해가 발생할 당시의 사업에 복귀한 장해급여자에 대하여 사업주가 고용을 유지하거나 직장적응훈련 또는 재활운동을 실시하는 경우에 각각 지급하는 직장복귀지원금, 직장적응훈련비 및 재활운동비 등을 말한다(산업재해보상보험법 제72조).

4. 산업재해보상보험 급여 신청 방법

(1) 보험급여 신청서의 작성

산업재해보상보험 급여를 신청하기 위해서는 보험급여 신청서를 작성하여야 한다.

보험급여 신청서에는 사업주의 확인을 받아야 하는 란이 있는데, 사업주가 확인을 거부하면 사업주가 확인을 거부하는 사유를 적으면 된다.

(2) 보험급여 신청서의 제출

근로자가 작성한 보험급여 신청서를 자신이 일하는 사업장이 있는 지역의 근로복지공단에 가서 제출하면 된다.

(3) 근로복지공단의 지급결정 및 통보

근로복지공단에서는 근로자가 작성하여 제출한 보험급여 신청서를 가지고 보험급여를 지급할 것인지 아니면 지급하지 않은 것인지 결정을 하고 그 결과를 근로자에게 알려준다.

(4) 보험급여 지급의 이의 신청

근로자가 보험급여 지급에 대하여 이의가 있는 경우에 결정이 있음을 안 날로부터 90일 이내에 근로복지공단에 심사를 청구할 수 있다(산업재해보상보험법 제103조 제3항).

5. 결 론

대학생 A(근로자)는 B커피전문점에서 일하는 근로자로 일을 하다가 다쳤기 때문에 B커피전문점이 산업재해보상보험에 가입하지 않은 사업장이라 하더라도 산업재해로 인한 보험급여를 청구할 수 있다.

만약 B커피전문점 사장 C(사용자)가 보험급여 신청서에 산업재해를 확인하는 란에 확인을 해주지 않으면 신청서에 그 사유를 적어서 B커피전문점이 있는 지역의 근로복지공단에 제출하면 결정을 통하여 화상을 입어 발생한 치료비와 치료를 받는 동안 일을 하지 못해서 손해를 받는 부분에 대해서 보험급여를 받을 수 있다.

C는 A의 산재보험급여 신청에 도움을 주지 않고 방해를 할 경우 지금까지 납부하지 않은 산업재해보험금을 납부하고, A에게 지급한 급여에 대하여 상당 부분을 추가로 납부해야 하며, 잘못하면 과태료까지 납부를 해야 할 수도 있으니 산업재해보상보험에 가입을 하고 A가 산재보험급여를 받을 수 있도록 도와주도록 해야 한다.

관련법률

[산업재해보상보험법]

제6조(적용 범위) 이 법은 근로자를 사용하는 모든 사업 또는 사업장(이하 "사업"이라 한다)에 적용한다. 다만, 위험률·규모 및 장소 등을 고려하여 대통령령으로 정하는 사업에 대하여는 이 법을 적용하지 아니한다.

제37조(업무상의 재해의 인정 기준) ① 근로자가 다음 각 호의 어느 하나에 해당하는 사유로 부상·질병 또는 장해가 발생하거나 사망하면 업무상의 재해로 본다. 다만, 업무와 재해 사이에 상당인

과관계(相當因果關係)가 없는 경우에는 그러하지 아니하다.

1. 업무상 사고

가. 근로자가 근로계약에 따른 업무나 그에 따르는 행위를 하던 중 발생한 사고

나. 사업주가 제공한 시설물 등을 이용하던 중 그 시설물 등의 결함이나 관리소홀로 발생한 사고

다. 사업주가 제공한 교통수단이나 그에 준하는 교통수단을 이용하는 등 사업주의 지배관리하에서 출퇴근 중 발생한 사고

라. 사업주가 주관하거나 사업주의 지시에 따라 참여한 행사나 행사준비 중에 발생한 사고

마. 휴게시간 중 사업주의 지배관리하에 있다고 블 수 있는 행위로 발생한 사고

바. 그 밖에 업무와 관련하여 발생한 사고

2. 업무상 질병

가. 업무수행 과정에서 물리적 인자(因子), 화학물질, 분진, 병원체, 신체에 부담을 주는 업무 등 근로자의 건강에 장해를 일으킬 수 있는 요인을 취급하거나 그에 노출되어 발생한 질병

나. 업무상 부상이 원인이 되어 발생한 질병

다. 그 밖에 업무와 관련하여 발생한 질병

② 근로자의 고의·자해행위나 범죄행위 또는 그것이 원인이 되어 발생한 부상·질병·장해 또는 사망은 업무상의 재해로 보지 아니한다. 다만, 그 부상·질병·장해 또는 사망이 정상적인 인식능력 등이 뚜렷하게 저하된 상태에서 한 행위로 발생한 경우로서

대통령령으로 정하는 사유가 있으면 업무상의 재해로 본다.

③ 업무상의 재해의 구체적인 인정 기준은 대통령령으로 정한다.

[고용보험 및 산업재해보상보험의 보험료징수 등에 관한 법률]

제26조(산재보험가입자로부터의 보험급여액 징수 등) ① 공단은 다음 각 호의 어느 하나에 해당하는 재해에 대하여 산재보험급여를 지급하는 경우에는 대통령령으로 정하는 바에 따라 그 급여에 해당하는 금액의 전부 또는 일부를 사업주로부터 징수할 수 있다.

1. 사업주가 제11조에 따른 보험관계 성립신고를 게을리한 기간 중에 발생한 재해
2. 사업주가 산재보험료의 납부를 게을리한 기간 중에 발생한 재해

② 공단은 제1항에 따라 산재보험급여액의 전부 또는 일부를 징수하기로 결정하였으면 지체 없이 그 사실을 사업주에게 알려야 한다.

[고용보험 및 산업재해보상보험의 보험료징수 등에 관한 법률 시행령]

제34조(산재보험급여액의 징수기준) ① 법 제26조 제1항 제1호에 따른 보험급여액의 징수는 보험가입신고를 하여야 할 기한이 끝난 날의 다음 날부터 보험가입신고를 한 날까지의 기간 중에 발생한 재해에 대한 요양급여·휴업급여·장해급여·간병급여·유족급여·상병보상연금에 대하여 하며, 징수할 금액은 가입신고를 게을

리한 기간 중에 발생한 재해에 대하여 지급 결정한 보험급여 금액의 100분의 50에 해당하는 금액으로 한다. 다만, 요양을 시작한 날(재해 발생과 동시에 사망한 경우에는 그 재해발생일)부터 1년이 되는 날이 속하는 달의 말일까지의 기간 중에 급여청구사유가 발생한 보험급여로 한정한다.

② 법 제26조 제1항 제2호에 따른 보험급여액의 징수는 월별보험료 또는 개산보험료의 납부기한(법 제17조 제3항에 따른 분할납부의 경우에는 각 분기의 납부기한)의 다음 날부터 해당 보험료를 낸 날의 전날까지의 기간 중에 발생한 재해에 대한 요양급여·휴업급여·장해급여·간병급여·유족급여·상병보상연금에 대하여 하며, 징수할 금액은 재해가 발생한 날부터 보험료를 낸 날의 전날까지의 기간 중에 급여청구사유가 발생한 보험급여 금액의 100분의 10에 해당하는 금액으로 한다. 다만, 다음 각 호에 해당하는 경우는 징수하지 아니한다.

1. 재해가 발생한 날까지 내야 할 해당 연도의 월별보험료에 대한 보험료 납부액의 비율이 100분의 50 이상인 경우
2. 해당 연도에 내야 할 개산보험료에 대한 보험료 납부액의 비율(분할 납부의 경우에는 재해가 발생한 분기까지 내야 할 개산보험료에 대한 보험료 납부액의 비율)이 100분의 50 이상인 경우

③ 제1항이나 제2항에 따라 보험급여액을 징수할 때 지급 결정된 보험급여가 장해보상연금 또는 유족보상연금인 경우에는 최초의 급여청구사유가 발생한 날에 장해보상일시금 또는 유족보상일시금

이 지급 결정된 것으로 본다.

④ 법 제26조 제1항 제1호 및 제2호에 해당하는 사유가 경합된 경우에는 그 경합된 기간 동안에는 보험급여액의 징수비율이 가장 높은 징수금만을 징수한다.

⑤ 「산업재해보상보험법 시행령」 제23조제2호에 따른 단시간근로자에게 보험급여를 지급하는 경우에는 같은 영 제24조제1항제2호에 따라 산정한 평균임금 중 재해가 발생한 사업을 대상으로 산정한 평균임금이 차지하는 비율에 해당하는 보험급여액을 기준으로 하여 제1항부터 제4항까지의 규정에 따라 보험급여액을 징수한다. 다만, 재해가 발생한 사업만의 평균임금으로 보험급여를 산정할 경우 해당 평균임금이 낮아 「산업재해보상보험법」 제36조제7항 본문, 제54조 또는 제67조에 따라 보험급여가 산정되는 경우에는 그 산정된 보험급여액을 기준으로 한다. <신설 2016.3.22.>

용어설명

- **폐질:** 폐질이란 업무상의 부상 또는 질병에 따른 정신적 또는 육체적 훼손으로 노동능력이 상실되거나 감소된 상태로서 그 부상 또는 질병이 치유되지 아니한 상태를 말한다.

부 록

1. 헌법
2. 경범죄 처벌법
3. 경범죄 처벌법 시행령
   [별표] 범칙행위 및 범칙금액(제2조 관련)
4. 경범죄 처벌법 시행규칙
   [별지 제1호서식] 범칙금 영수증
5. 주택임대차표준계약서
6. 표준근로계약서(5종)
7. 모의재판대본(1)
8. 모의재판대본(2)

대한민국 헌법

[시행 1988.2.25.] [헌법 제10호, 1987.10.29. 전부개정]

전 문

유구한 역사와 전통에 빛나는 우리 대한국민은 3·1운동으로 건립된 대한민국임시정부의 법통과 불의에 항거한 4·19민주이념을 계승하고, 조국의 민주개혁과 평화적 통일의 사명에 입각하여 정의·인도와 동포애로써 민족의 단결을 공고히 하고, 모든 사회적 폐습과 불의를 타파하며, 자율과 조화를 바탕으로 자유민주적 기본질서를 더욱 확고히 하여 정치·경제·사회·문화의 모든 영역에 있어서 각인의 기회를 균등히 하고, 능력을 최고도로 발휘하게 하며, 자유와 권리에 따르는 책임과 의무를 완수하게 하여, 안으로는 국민생활의 균등한 향상을 기하고 밖으로는 항구적인 세계평화와 인류공영에 이바지함으로써 우리들과 우리들의 자손의 안전과 자유와 행복을 영원히 확보할 것을 다짐하면서 1948년 7월 12일에 제정되고 8차에 걸쳐 개정된 헌법을 이제 국회의 의결을 거쳐 국민투표에 의하여 개정한다.

제1장 총 강

제1조 ① 대한민국은 민주공화국이다.

② 대한민국의 주권은 국민에게 있고, 모든 권력은 국민으로부터 나온다.

제2조 ① 대한민국의 국민이 되는 요건은 법률로 정한다.

② 국가는 법률이 정하는 바에 의하여 재외국민을 보호할 의무를 진다.

제3조 대한민국의 영토는 한반도와 그 부속도서로 한다.

제4조 대한민국은 통일을 지향하며, 자유민주적 기본질서에 입각한 평화적 통일 정책을 수립하고 이를 추진한다.

제5조 ① 대한민국은 국제평화의 유지에 노력하고 침략적 전쟁을 부인

한다.

② 국군은 국가의 안전보장과 국토방위의 신성한 의무를 수행함을 사명으로 하며, 그 정치적 중립성은 준수된다.

제6조 ① 헌법에 의하여 체결·공포된 조약과 일반적으로 승인된 국제법규는 국내법과 같은 효력을 가진다.

② 외국인은 국제법과 조약이 정하는 바에 의하여 그 지위가 보장된다.

제7조 ① 공무원은 국민전체에 대한 봉사자이며, 국민에 대하여 책임을 진다.

② 공무원의 신분과 정치적 중립성은 법률이 정하는 바에 의하여 보장된다.

제8조 ① 정당의 설립은 자유이며, 복수정당제는 보장된다.

② 정당은 그 목적·조직과 활동이 민주적이어야 하며, 국민의 정치적 의사형성에 참여하는데 필요한 조직을 가져야 한다.

③ 정당은 법률이 정하는 바에 의하여 국가의 보호를 받으며, 국가는 법률이 정하는 바에 의하여 정당운영에 필요한 자금을 보조할 수 있다.

④ 정당의 목적이나 활동이 민주적 기본질서에 위배될 때에는 정부는 헌법재판소에 그 해산을 제소할 수 있고, 정당은 헌법재판소의 심판에 의하여 해산된다.

제9조 국가는 전통문화의 계승·발전과 민족문화의 창달에 노력하여야 한다.

제2장 국민의 권리와 의무

제10조 모든 국민은 인간으로서의 존엄과 가치를 가지며, 행복을 추구할 권리를 가진다. 국가는 개인이 가지는 불가침의 기본적 인권을 확인하고 이를 보장할 의무를 진다.

제11조 ① 모든 국민은 법 앞에 평등하다. 누구든지 성별·종교 또는 사회적 신분에 의하여 정치적·경제적·사회적·문화적 생활의 모든 영역에 있어서 차별을 받지 아니한다.

② 사회적 특수계급의 제도는 인정되지 아니하며, 어떠한 형태로도 이를

창설할 수 없다.

③ 훈장등의 영전은 이를 받은 자에게만 효력이 있고, 어떠한 특권도 이에 따르지 아니한다.

제12조 ① 모든 국민은 신체의 자유를 가진다. 누구든지 법률에 의하지 아니하고는 체포·구속·압수·수색 또는 심문을 받지 아니하며, 법률과 적법한 절차에 의하지 아니하고는 처벌·보안처분 또는 강제노역을 받지 아니한다.

② 모든 국민은 고문을 받지 아니하며, 형사상 자기에게 불리한 진술을 강요당하지 아니한다.

③ 체포·구속·압수 또는 수색을 할 때에는 적법한 절차에 따라 검사의 신청에 의하여 법관이 발부한 영장을 제시하여야 한다. 다만, 현행범인인 경우와 장기 3년 이상의 형에 해당하는 죄를 범하고 도피 또는 증거인멸의 염려가 있을 때에는 사후에 영장을 청구할 수 있다.

④ 누구든지 체포 또는 구속을 당한 때에는 즉시 변호인의 조력을 받을 권리를 가진다. 다만, 형사피고인이 스스로 변호인을 구할 수 없을 때에는 법률이 정하는 바에 의하여 국가가 변호인을 붙인다.

⑤ 누구든지 체포 또는 구속의 이유와 변호인의 조력을 받을 권리가 있음을 고지받지 아니하고는 체포 또는 구속을 당하지 아니한다. 체포 또는 구속을 당한 자의 가족등 법률이 정하는 자에게는 그 이유와 일시·장소가 지체없이 통지되어야 한다.

⑥ 누구든지 체포 또는 구속을 당한 때에는 적부의 심사를 법원에 청구할 권리를 가진다.

⑦ 피고인의 자백이 고문·폭행·협박·구속의 부당한 장기화 또는 기망 기타의 방법에 의하여 자의로 진술된 것이 아니라고 인정될 때 또는 정식재판에 있어서 피고인의 자백이 그에게 불리한 유일한 증거일 때에는 이를 유죄의 증거로 삼거나 이를 이유로 처벌할 수 없다.

제13조 ① 모든 국민은 행위시의 법률에 의하여 범죄를 구성하지 아니하는 행위로 소추되지 아니하며, 동일한 범죄에 대하여 거듭 처벌받지 아니한다.

② 모든 국민은 소급입법에 의하여 참정권의 제한을 받거나 재산권을 박탈당하지 아니한다.

③ 모든 국민은 자기의 행위가 아닌 친족의 행위로 인하여 불이익한 처우를 받지 아니한다.

제14조 모든 국민은 거주·이전의 자유를 가진다.

제15조 모든 국민은 직업선택의 자유를 가진다.

제16조 모든 국민은 주거의 자유를 침해받지 아니한다. 주거에 대한 압수나 수색을 할 때에는 검사의 신청에 의하여 법관이 발부한 영장을 제시하여야 한다.

제17조 모든 국민은 사생활의 비밀과 자유를 침해받지 아니한다.

제18조 모든 국민은 통신의 비밀을 침해받지 아니한다.

제19조 모든 국민은 양심의 자유를 가진다.

제20조 ① 모든 국민은 종교의 자유를 가진다.

② 국교는 인정되지 아니하며, 종교와 정치는 분리된다.

제21조 ① 모든 국민은 언론·출판의 자유와 집회·결사의 자유를 가진다.

② 언론·출판에 대한 허가나 검열과 집회·결사에 대한 허가는 인정되지 아니한다.

③ 통신·방송의 시설기준과 신문의 기능을 보장하기 위하여 필요한 사항은 법률로 정한다.

④ 언론·출판은 타인의 명예나 권리 또는 공중도덕이나 사회윤리를 침해하여서는 아니된다. 언론·출판이 타인의 명예나 권리를 침해한 때에는 피해자는 이에 대한 피해의 배상을 청구할 수 있다.

제22조 ① 모든 국민은 학문과 예술의 자유를 가진다.

② 저작자·발명가·과학기술자와 예술가의 권리는 법률로써 보호한다.

제23조 ① 모든 국민의 재산권은 보장된다. 그 내용과 한계는 법률로 정한다.

② 재산권의 행사는 공공복리에 적합하도록 하여야 한다.

③ 공공필요에 의한 재산권의 수용·사용 또는 제한 및 그에 대한 보상은 법률로써 하되, 정당한 보상을 지급하여야 한다.

제24조 모든 국민은 법률이 정하는 바에 의하여 선거권을 가진다.

제25조 모든 국민은 법률이 정하는 바에 의하여 공무담임권을 가진다.

제26조 ① 모든 국민은 법률이 정하는 바에 의하여 국가기관에 문서로 청원할 권리를 가진다.

② 국가는 청원에 대하여 심사할 의무를 진다.

제27조 ① 모든 국민은 헌법과 법률이 정한 법관에 의하여 법률에 의한 재판을 받을 권리를 가진다.

② 군인 또는 군무원이 아닌 국민은 대한민국의 영역안에서는 중대한 군사상 기밀·초병·초소·유독음식물공급·포로·군용물에 관한 죄중 법률이 정한 경우와 비상계엄이 선포된 경우를 제외하고는 군사법원의 재판을 받지 아니한다.

③ 모든 국민은 신속한 재판을 받을 권리를 가진다. 형사피고인은 상당한 이유가 없는 한 지체없이 공개재판을 받을 권리를 가진다.

④ 형사피고인은 유죄의 판결이 확정될 때까지는 무죄로 추정된다.

⑤ 형사피해자는 법률이 정하는 바에 의하여 당해 사건의 재판절차에서 진술할 수 있다.

제28조 형사피의자 또는 형사피고인으로서 구금되었던 자가 법률이 정하는 불기소처분을 받거나 무죄판결을 받은 때에는 법률이 정하는 바에 의하여 국가에 정당한 보상을 청구할 수 있다.

제29조 ① 공무원의 직무상 불법행위로 손해를 받은 국민은 법률이 정하는 바에 의하여 국가 또는 공공단체에 정당한 배상을 청구할 수 있다. 이 경우 공무원 자신의 책임은 면제되지 아니한다.

② 군인·군무원·경찰공무원 기타 법률이 정하는 자가 전투·훈련등 직무집행과 관련하여 받은 손해에 대하여는 법률이 정하는 보상외에 국가 또는 공공단체에 공무원의 직무상 불법행위로 인한 배상은 청구할 수 없다.

제30조 타인의 범죄행위로 인하여 생명·신체에 대한 피해를 받은 국민은 법률이 정하는 바에 의하여 국가로부터 구조를 받을 수 있다.

제31조 ① 모든 국민은 능력에 따라 균등하게 교육을 받을 권리를 가진다.

② 모든 국민은 그 보호하는 자녀에게 적어도 초등교육과 법률이 정하는 교육을 받게 할 의무를 진다.

③ 의무교육은 무상으로 한다.

④ 교육의 자주성 · 전문성 · 정치적 중립성 및 대학의 자율성은 법률이 정하는 바에 의하여 보장된다.

⑤ 국가는 평생교육을 진흥하여야 한다.

의 지위에 관한 기본적인 사항은 법률로 정한다.

제32조 ① 모든 국민은 근로의 권리를 가진다. 국가는 사회적 · 경제적 방법으로 근로자의 고용의 증진과 적정임금의 보장에 노력하여야 하며, 법률이 정하는 바에 의하여 최저임금제를 시행하여야 한다.

② 모든 국민은 근로의 의무를 진다. 국가는 근로의 의무의 내용과 조건을 민주주의원칙에 따라 법률로 정한다.

③ 근로조건의 기준은 인간의 존엄성을 보장하도록 법률로 정한다.

④ 여자의 근로는 특별한 보호를 받으며, 고용 · 임금 및 근로조건에 있어서 부당한 차별을 받지 아니한다.

⑤ 연소자의 근로는 특별한 보호를 받는다.

⑥ 국가유공자 · 상이군경 및 전몰군경의 유가족은 법률이 정하는 바에 의하여 우선적으로 근로의 기회를 부여받는다.

제33조 ① 근로자는 근로조건의 향상을 위하여 자주적인 단결권 · 단체교섭권 및 단체행동권을 가진다.

② 공무원인 근로자는 법률이 정하는 자에 한하여 단결권 · 단체교섭권 및 단체행동권을 가진다.

③ 법률이 정하는 주요방위산업체에 종사하는 근로자의 단체행동권은 법률이 정하는 바에 의하여 이를 제한하거나 인정하지 아니할 수 있다.

제34조 ① 모든 국민은 인간다운 생활을 할 권리를 가진다.

② 국가는 사회보장 · 사회복지의 증진에 노력할 의무를 진다.

③ 국가는 여자의 복지와 권익의 향상을 위하여 노력하여야 한다.

④ 국가는 노인과 청소년의 복지향상을 위한 정책을 실시할 의무를 진다.

⑤ 신체장애자 및 질병·노령 기타의 사유로 생활능력이 없는 국민은 법률이 정하는 바에 의하여 국가의 보호를 받는다.

⑥ 국가는 재해를 예방하고 그 위험으로부터 국민을 보호하기 위하여 노력하여야 한다.

제35조 ① 모든 국민은 건강하고 쾌적한 환경에서 생활할 권리를 가지며, 국가와 국민은 환경보전을 위하여 노력하여야 한다.

② 환경권의 내용과 행사에 관하여는 법률로 정한다.

③ 국가는 주택개발정책등을 통하여 모든 국민이 쾌적한 주거생활을 할 수 있도록 노력하여야 한다.

제36조 ① 혼인과 가족생활은 개인의 존엄과 양성의 평등을 기초로 성립되고 유지되어야 하며, 국가는 이를 보장한다.

② 국가는 모성의 보호를 위하여 노력하여야 한다.

③ 모든 국민은 보건에 관하여 국가의 보호를 받는다.

제37조 ① 국민의 자유와 권리는 헌법에 열거되지 아니한 이유로 경시되지 아니한다.

② 국민의 모든 자유와 권리는 국가안전보장·질서유지 또는 공공복리를 위하여 필요한 경우에 한하여 법률로써 제한할 수 있으며, 제한하는 경우에도 자유와 권리의 본질적인 내용을 침해할 수 없다.

제38조 모든 국민은 법률이 정하는 바에 의하여 납세의 의무를 진다.

제39조 ① 모든 국민은 법률이 정하는 바에 의하여 국방의 의무를 진다.

② 누구든지 병역의무의 이행으로 인하여 불이익한 처우를 받지 아니한다.

제3장 국 회

제40조 입법권은 국회에 속한다.

제41조 ① 국회는 국민의 보통·평등·직접·비밀선거에 의하여 선출된 국회의원으로 구성한다.

② 국회의원의 수는 법률로 정하되, 200인 이상으로 한다.

③ 국회의원의 선거구와 비례대표제 기타 선거에 관한 사항은 법률로 정한다.

第42조 국회의원의 임기는 4년으로 한다.

第43조 국회의원은 법률이 정하는 직을 겸할 수 없다.

第44조 ① 국회의원은 현행범인인 경우를 제외하고는 회기중 국회의 동의 없이 체포 또는 구금되지 아니한다.

② 국회의원이 회기전에 체포 또는 구금된 때에는 현행범인이 아닌 한 국회의 요구가 있으면 회기중 석방된다.

第45조 국회의원은 국회에서 직무상 행한 발언과 표결에 관하여 국회외에서 책임을 지지 아니한다.

第46조 ① 국회의원은 청렴의 의무가 있다.

② 국회의원은 국가이익을 우선하여 양심에 따라 직무를 행한다.

③ 국회의원은 그 지위를 남용하여 국가·공공단체 또는 기업체와의 계약이나 그 처분에 의하여 재산상의 권리·이익 또는 직위를 취득하거나 타인을 위하여 그 취득을 알선할 수 없다.

第47조 ① 국회의 정기회는 법률이 정하는 바에 의하여 매년 1회 집회되며, 국회의 임시회는 대통령 또는 국회재적의원 4분의 1 이상의 요구에 의하여 집회된다.

② 정기회의 회기는 100일을, 임시회의 회기는 30일을 초과할 수 없다.

③ 대통령이 임시회의 집회를 요구할 때에는 기간과 집회요구의 이유를 명시하여야 한다.

第48조 국회는 의장 1인과 부의장 2인을 선출한다.

第49조 국회는 헌법 또는 법률에 특별한 규정이 없는 한 재적의원 과반수의 출석과 출석의원 과반수의 찬성으로 의결한다. 가부동수인 때에는 부결된 것으로 본다.

第50조 ① 국회의 회의는 공개한다. 다만, 출석의원 과반수의 찬성이 있거나 의장이 국가의 안전보장을 위하여 필요하다고 인정할 때에는 공개하지 아니할 수 있다.

② 공개하지 아니한 회의내용의 공표에 관하여는 법률이 정하는 바에

의한다.

제51조 국회에 제출된 법률안 기타의 의안은 회기중에 의결되지 못한 이유로 폐기되지 아니한다. 다만, 국회의원의 임기가 만료된 때에는 그러하지 아니하다.

제52조 국회의원과 정부는 법률안을 제출할 수 있다.

제53조 ① 국회에서 의결된 법률안은 정부에 이송되어 15일 이내에 대통령이 공포한다.

② 법률안에 이의가 있을 때에는 대통령은 제1항의 기간내에 이의서를 붙여 국회로 환부하고, 그 재의를 요구할 수 있다. 국회의 폐회중에도 또한 같다.

③ 대통령은 법률안의 일부에 대하여 또는 법률안을 수정하여 재의를 요구할 수 없다.

④ 재의의 요구가 있을 때에는 국회는 재의에 붙이고, 재적의원과반수의 출석과 출석의원 3분의 2 이상의 찬성으로 전과 같은 의결을 하면 그 법률안은 법률로서 확정된다.

⑤ 대통령이 제1항의 기간내에 공포나 재의의 요구를 하지 아니한 때에도 그 법률안은 법률로서 확정된다.

⑥ 대통령은 제4항과 제5항의 규정에 의하여 확정된 법률을 지체없이 공포하여야 한다. 제5항에 의하여 법률이 확정된 후 또는 제4항에 의한 확정법률이 정부에 이송된 후 5일 이내에 대통령이 공포하지 아니할 때에는 국회의장이 이를 공포한다.

⑦ 법률은 특별한 규정이 없는 한 공포한 날로부터 20일을 경과함으로써 효력을 발생한다.

제54조 ① 국회는 국가의 예산안을 심의·확정한다.

② 정부는 회계연도마다 예산안을 편성하여 회계연도 개시 90일전까지 국회에 제출하고, 국회는 회계연도 개시 30일전까지 이를 의결하여야 한다.

③ 새로운 회계연도가 개시될 때까지 예산안이 의결되지 못한 때에는 정부는 국회에서 예산안이 의결될 때까지 다음의 목적을 위한 경비는 전년도 예산에 준하여 집행할 수 있다.

1. 헌법이나 법률에 의하여 설치된 기관 또는 시설의 유지·운영
2. 법률상 지출의무의 이행
3. 이미 예산으로 승인된 사업의 계속

第55조 ① 한 회계연도를 넘어 계속하여 지출할 필요가 있을 때에는 정부는 연한을 정하여 계속비로서 국회의 의결을 얻어야 한다.

② 예비비는 총액으로 국회의 의결을 얻어야 한다. 예비비의 지출은 차기국회의 승인을 얻어야 한다.

第56조 정부는 예산에 변경을 가할 필요가 있을 때에는 추가경정예산안을 편성하여 국회에 제출할 수 있다.

第57조 국회는 정부의 동의없이 정부가 제출한 지출예산 각항의 금액을 증가하거나 새 비목을 설치할 수 없다.

第58조 국채를 모집하거나 예산외에 국가의 부담이 될 계약을 체결하려할 때에는 정부는 미리 국회의 의결을 얻어야 한다.

第59조 조세의 종목과 세율은 법률로 정한다.

第60조 ① 국회는 상호원조 또는 안전보장에 관한 조약, 중요한 국제조직에 관한 조약, 우호통상항해조약, 주권의 제약에 관한 조약, 강화조약, 국가나 국민에게 중대한 재정적 부담을 지우는 조약 또는 입법사항에 관한 조약의 체결·비준에 대한 동의권을 가진다.

② 국회는 선전포고, 국군의 외국에의 파견 또는 외국군대의 대한민국 영역안에서의 주류에 대한 동의권을 가진다.

第61조 ① 국회는 국정을 감사하거나 특정한 국정사안에 대하여 조사할 수 있으며, 이에 필요한 서류의 제출 또는 증인의 출석과 증언이나 의견의 진술을 요구할 수 있다.

② 국정감사 및 조사에 관한 절차 기타 필요한 사항은 법률로 정한다.

第62조 ① 국무총리·국무위원 또는 정부위원은 국회나 그 위원회에 출석하여 국정처리상황을 보고하거나 의견을 진술하고 질문에 응답할 수 있다.

② 국회나 그 위원회의 요구가 있을 때에는 국무총리·국무위원 또는 정부위원은 출석·답변하여야 하며, 국무총리 또는 국무위원이 출석요구를 받은 때에는 국무위원 또는 정부위원으로 하여금 출석·답변하게 할

수 있다.

제63조 ① 국회는 국무총리 또는 국무위원의 해임을 대통령에게 건의할 수 있다.

② 제1항의 해임건의는 국회재적의원 3분의 1 이상의 발의에 의하여 국회재적의원 과반수의 찬성이 있어야 한다.

제64조 ① 국회는 법률에 저촉되지 아니하는 범위안에서 의사와 내부규율에 관한 규칙을 제정할 수 있다.

② 국회는 의원의 자격을 심사하며, 의원을 징계할 수 있다.

③ 의원을 제명하려면 국회재적의원 3분의 2 이상의 찬성이 있어야 한다.

④ 제2항과 제3항의 처분에 대하여는 법원에 제소할 수 없다.

제65조 ① 대통령·국무총리·국무위원·행정각부의 장·헌법재판소 재판관·법관·중앙선거관리위원회 위원·감사원장·감사위원 기타 법률이 정한 공무원이 그 직무집행에 있어서 헌법이나 법률을 위배한 때에는 국회는 탄핵의 소추를 의결할 수 있다.

② 제1항의 탄핵소추는 국회재적의원 3분의 1 이상의 발의가 있어야 하며, 그 의결은 국회재적의원 과반수의 찬성이 있어야 한다. 다만, 대통령에 대한 탄핵소추는 국회재적의원 과반수의 발의와 국회재적의원 3분의 2 이상의 찬성이 있어야 한다.

③ 탄핵소추의 의결을 받은 자는 탄핵심판이 있을 때까지 그 권한행사가 정지된다.

④ 탄핵결정은 공직으로부터 파면함에 그친다. 그러나, 이에 의하여 민사상이나 형사상의 책임이 면제되지는 아니한다.

제4장 정 부

제1절 대통령

제66조 ① 대통령은 국가의 원수이며, 외국에 대하여 국가를 대표한다.

② 대통령은 국가의 독립·영토의 보전·국가의 계속성과 헌법을 수호

할 책무를 진다.

③ 대통령은 조국의 평화적 통일을 위한 성실한 의무를 진다.

④ 행정권은 대통령을 수반으로 하는 정부에 속한다.

第67조 ① 대통령은 국민의 보통·평등·직접·비밀선거에 의하여 선출한다.

② 제1항의 선거에 있어서 최고득표자가 2인 이상인 때에는 국회의 재적의원 과반수가 출석한 공개회의에서 다수표를 얻은 자를 당선자로 한다.

③ 대통령후보자가 1인일 때에는 그 득표수가 선거권자 총수의 3분의 1 이상이 아니면 대통령으로 당선될 수 없다.

④ 대통령으로 선거될 수 있는 자는 국회의원의 피선거권이 있고 선거일 현재 40세에 달하여야 한다.

⑤ 대통령의 선거에 관한 사항은 법률로 정한다.

第68조 ① 대통령의 임기가 만료되는 때에는 임기만료 70일 내지 40일전에 후임자를 선거한다.

② 대통령이 궐위된 때 또는 대통령 당선자가 사망하거나 판결 기타의 사유로 그 자격을 상실한 때에는 60일 이내에 후임자를 선거한다.

第69조 대통령은 취임에 즈음하여 다음의 선서를 한다.

“나는 헌법을 준수하고 국가를 보위하며 조국의 평화적 통일과 국민의 자유와 복리의 증진 및 민족문화의 창달에 노력하여 대통령으로서의 직책을 성실히 수행할 것을 국민 앞에 엄숙히 선서합니다.”

第70조 대통령의 임기는 5년으로 하며, 중임할 수 없다.

第71조 대통령이 궐위되거나 사고로 인하여 직무를 수행할 수 없을 때에는 국무총리, 법률이 정한 국무위원의 순서로 그 권한을 대행한다.

第72조 대통령은 필요하다고 인정할 때에는 외교·국방·통일 기타 국가안위에 관한 중요정책을 국민투표에 붙일 수 있다.

第73조 대통령은 조약을 체결·비준하고, 외교사절을 신임·접수 또는 파견하며, 선전포고와 강화를 한다.

第74조 ① 대통령은 헌법과 법률이 정하는 바에 의하여 국군을 통수한다.

② 국군의 조직과 편성은 법률로 정한다.

第75條 대통령은 법률에서 구체적으로 범위를 정하여 위임받은 사항과 법률을 집행하기 위하여 필요한 사항에 관하여 대통령령을 발할 수 있다.

第76條 ① 대통령은 내우·외환·천재·지변 또는 중대한 재정·경제상의 위기에 있어서 국가의 안전보장 또는 공공의 안녕질서를 유지하기 위하여 긴급한 조치가 필요하고 국회의 집회를 기다릴 여유가 없을 때에 한하여 최소한으로 필요한 재정·경제상의 처분을 하거나 이에 관하여 법률의 효력을 가지는 명령을 발할 수 있다.

② 대통령은 국가의 안위에 관계되는 중대한 교전상태에 있어서 국가를 보위하기 위하여 긴급한 조치가 필요하고 국회의 집회가 불가능한 때에 한하여 법률의 효력을 가지는 명령을 발할 수 있다.

③ 대통령은 제1항과 제2항의 처분 또는 명령을 한 때에는 지체없이 국회에 보고하여 그 승인을 얻어야 한다.

④ 제3항의 승인을 얻지 못한 때에는 그 처분 또는 명령은 그때부터 효력을 상실한다. 이 경우 그 명령에 의하여 개정 또는 폐지되었던 법률은 그 명령이 승인을 얻지 못한 때부터 당연히 효력을 회복한다.

⑤ 대통령은 제3항과 제4항의 사유를 지체없이 공포하여야 한다.

第77條 ① 대통령은 전시·사변 또는 이에 준하는 국가비상사태에 있어서 병력으로써 군사상의 필요에 응하거나 공공의 안녕질서를 유지할 필요가 있을 때에는 법률이 정하는 바에 의하여 계엄을 선포할 수 있다.

② 계엄은 비상계엄과 경비계엄으로 한다.

③ 비상계엄이 선포된 때에는 법률이 정하는 바에 의하여 영장제도, 언론·출판·집회·결사의 자유, 정부나 법원의 권한에 관하여 특별한 조치를 할 수 있다.

④ 계엄을 선포한 때에는 대통령은 지체없이 국회에 통고하여야 한다.

⑤ 국회가 재적의원 과반수의 찬성으로 계엄의 해제를 요구한 때에는 대통령은 이를 해제하여야 한다.

第78條 대통령은 헌법과 법률이 정하는 바에 의하여 공무원을 임면한다.

第79條 ① 대통령은 법률이 정하는 바에 의하여 사면·감형 또는 복권을

명할 수 있다.

② 일반사면을 명하려면 국회의 동의를 얻어야 한다.

③ 사면·감형 및 복권에 관한 사항은 법률로 정한다.

第80조 대통령은 법률이 정하는 바에 의하여 훈장 기타의 영전을 수여한다.

第81조 대통령은 국회에 출석하여 발언하거나 서한으로 의견을 표시할 수 있다.

第82조 대통령의 국법상 행위는 문서로써 하며, 이 문서에는 국무총리와 관계 국무위원이 부서한다. 군사에 관한 것도 또한 같다.

第83조 대통령은 국무총리·국무위원·행정각부의 장 기타 법률이 정하는 공사의 직을 겸할 수 없다.

第84조 대통령은 내란 또는 외환의 죄를 범한 경우를 제외하고는 재직중 형사상의 소추를 받지 아니한다.

第85조 전직대통령의 신분과 예우에 관하여는 법률로 정한다.

제2절 행정부

제1관 국무총리와 국무위원

第86조 ① 국무총리는 국회의 동의를 얻어 대통령이 임명한다.

② 국무총리는 대통령을 보좌하며, 행정에 관하여 대통령의 명을 받아 행정각부를 통할한다.

③ 군인은 현역을 면한 후가 아니면 국무총리로 임명될 수 없다.

第87조 ① 국무위원은 국무총리의 제청으로 대통령이 임명한다.

② 국무위원은 국정에 관하여 대통령을 보좌하며, 국무회의의 구성원으로서 국정을 심의한다.

③ 국무총리는 국무위원의 해임을 대통령에게 건의할 수 있다.

④ 군인은 현역을 면한 후가 아니면 국무위원으로 임명될 수 없다.

제2관 국무회의

第88조 ① 국무회의는 정부의 권한에 속하는 중요한 정책을 심의한다.

② 국무회의는 대통령·국무총리와 15인 이상 30인 이하의 국무위원으로 구성한다.

③ 대통령은 국무회의의 의장이 되고, 국무총리는 부의장이 된다.

제89조 다음 사항은 국무회의의 심의를 거쳐야 한다.

1. 국정의 기본계획과 정부의 일반정책
2. 선전·강화 기타 중요한 대외정책
3. 헌법개정안·국민투표안·조약안·법률안 및 대통령령안
4. 예산안·결산·국유재산처분의 기본계획·국가의 부담이 될 계약 기타 재정에 관한 중요사항
5. 대통령의 긴급명령·긴급재정경제처분 및 명령 또는 계엄과 그 해제
6. 군사에 관한 중요사항
7. 국회의 임시회 집회의 요구
8. 영전수여
9. 사면·감형과 복권
10. 행정각부간의 권한의 획정
11. 정부안의 권한의 위임 또는 배정에 관한 기본계획
12. 국정처리상황의 평가·분석
13. 행정각부의 중요한 정책의 수립과 조정
14. 정당해산의 제소
15. 정부에 제출 또는 회부된 정부의 정책에 관계되는 청원의 심사
16. 검찰총장·합동참모의장·각군참모총장·국립대학교총장·대사 기타 법률이 정한 공무원과 국영기업체관리자의 임명
17. 기타 대통령·국무총리 또는 국무위원이 제출한 사항

제90조 ① 국정의 중요한 사항에 관한 대통령의 자문에 응하기 위하여 국가원로로 구성되는 국가원로자문회의를 둘 수 있다.

② 국가원로자문회의의 의장은 직전대통령이 된다. 다만, 직전대통령이 없을 때에는 대통령이 지명한다.

③ 국가원로자문회의의 조직·직무범위 기타 필요한 사항은 법률로 정한다.

제91조 ① 국가안전보장에 관련되는 대외정책·군사정책과 국내정책의 수립에 관하여 국무회의의 심의에 앞서 대통령의 자문에 응하기 위하여 국가안전보장회의를 둔다.

② 국가안전보장회의는 대통령이 주재한다.

③ 국가안전보장회의의 조직·직무범위 기타 필요한 사항은 법률로 정한다.

제92조 ① 평화통일정책의 수립에 관한 대통령의 자문에 응하기 위하여 민주평화통일자문회의를 둘 수 있다.

② 민주평화통일자문회의의 조직·직무범위 기타 필요한 사항은 법률로 정한다.

제93조 ① 국민경제의 발전을 위한 중요정책의 수립에 관하여 대통령의 자문에 응하기 위하여 국민경제자문회의를 둘 수 있다.

② 국민경제자문회의의 조직·직무범위 기타 필요한 사항은 법률로 정한다.

제3관 행정각부

제94조 행정각부의 장은 국무위원 중에서 국무총리의 제청으로 대통령이 임명한다.

제95조 국무총리 또는 행정각부의 장은 소관사무에 관하여 법률이나 대통령령의 위임 또는 직권으로 총리령 또는 부령을 발할 수 있다.

제96조 행정각부의 설치·조직과 직무범위는 법률로 정한다.

제4관 감사원

제97조 국가의 세입·세출의 결산, 국가 및 법률이 정한 단체의 회계검사와 행정기관 및 공무원의 직무에 관한 감찰을 하기 위하여 대통령 소속하에 감사원을 둔다.

제98조 ① 감사원은 원장을 포함한 5인 이상 11인 이하의 감사위원으로 구성한다.

② 원장은 국회의 동의를 얻어 대통령이 임명하고, 그 임기는 4년으로

하며, 1차에 한하여 중임할 수 있다.

③ 감사위원은 원장의 제청으로 대통령이 임명하고, 그 임기는 4년으로 하며, 1차에 한하여 중임할 수 있다.

제99조 감사원은 세입·세출의 결산을 매년 검사하여 대통령과 차년도국회에 그 결과를 보고하여야 한다.

제100조 감사원의 조직·직무범위·감사위원의 자격·감사대상공무원의 범위 기타 필요한 사항은 법률로 정한다.

제5장 법 원

제101조 ① 사법권은 법관으로 구성된 법원에 속한다.

② 법원은 최고법원인 대법원과 각급법원으로 조직된다.

③ 법관의 자격은 법률로 정한다.

제102조 ① 대법원에 부를 둘 수 있다.

② 대법원에 대법관을 둔다. 다만, 법률이 정하는 바에 의하여 대법관이 아닌 법관을 둘 수 있다.

③ 대법원과 각급법원의 조직은 법률로 정한다.

제103조 법관은 헌법과 법률에 의하여 그 양심에 따라 독립하여 심판한다.

제104조 ① 대법원장은 국회의 동의를 얻어 대통령이 임명한다.

② 대법관은 대법원장의 제청으로 국회의 동의를 얻어 대통령이 임명한다.

③ 대법원장과 대법관이 아닌 법관은 대법관회의의 동의를 얻어 대법원장이 임명한다.

제105조 ① 대법원장의 임기는 6년으로 하며, 중임할 수 없다.

② 대법관의 임기는 6년으로 하며, 법률이 정하는 바에 의하여 연임할 수 있다.

③ 대법원장과 대법관이 아닌 법관의 임기는 10년으로 하며, 법률이 정하는 바에 의하여 연임할 수 있다.

④ 법관의 정년은 법률로 정한다.

제106조 ① 법관은 탄핵 또는 금고 이상의 형의 선고에 의하지 아니하고

는 파면되지 아니하며, 징계처분에 의하지 아니하고는 정직·감봉 기타 불리한 처분을 받지 아니한다.

② 법관이 중대한 심신상의 장해로 직무를 수행할 수 없을 때에는 법률이 정하는 바에 의하여 퇴직하게 할 수 있다.

제107조 ① 법률이 헌법에 위반되는 여부가 재판의 전제가 된 경우에는 법원은 헌법재판소에 제청하여 그 심판에 의하여 재판한다.

② 명령·규칙 또는 처분이 헌법이나 법률에 위반되는 여부가 재판의 전제가 된 경우에는 대법원은 이를 최종적으로 심사할 권한을 가진다.

③ 재판의 전심절차로서 행정심판을 할 수 있다. 행정심판의 절차는 법률로 정하되, 사법절차가 준용되어야 한다.

제108조 대법원은 법률에 저촉되지 아니하는 범위안에서 소송에 관한 절차, 법원의 내부규율과 사무처리에 관한 규칙을 제정할 수 있다.

제109조 재판의 심리와 판결은 공개한다. 다만, 심리는 국가의 안전보장 또는 안녕질서를 방해하거나 선량한 풍속을 해할 염려가 있을 때에는 법원의 결정으로 공개하지 아니할 수 있다.

제110조 ① 군사재판을 관할하기 위하여 특별법원으로서 군사법원을 둘 수 있다.

② 군사법원의 상고심은 대법원에서 관할한다.

③ 군사법원의 조직·권한 및 재판관의 자격은 법률로 정한다.

④ 비상계엄하의 군사재판은 군인·군무원의 범죄나 군사에 관한 간첩죄의 경우와 초병·초소·유독음식물공급·포로에 관한 죄중 법률이 정한 경우에 한하여 단심으로 할 수 있다. 다만, 사형을 선고한 경우에는 그러하지 아니하다.

제6장 헌법재판소

제111조 ① 헌법재판소는 다음 사항을 관장한다.

1. 법원의 제청에 의한 법률의 위헌여부 심판
2. 탄핵의 심판

3. 정당의 해산 심판
4. 국가기관 상호간, 국가기관과 지방자치단체간 및 지방자치단체 상호간의 권한쟁의에 관한 심판
5. 법률이 정하는 헌법소원에 관한 심판

② 헌법재판소는 법관의 자격을 가진 9인의 재판관으로 구성하며, 재판관은 대통령이 임명한다.

③ 제2항의 재판관중 3인은 국회에서 선출하는 자를, 3인은 대법원장이 지명하는 자를 임명한다.

④ 헌법재판소의 장은 국회의 동의를 얻어 재판관중에서 대통령이 임명한다.

제112조 ① 헌법재판소 재판관의 임기는 6년으로 하며, 법률이 정하는 바에 의하여 연임할 수 있다.

② 헌법재판소 재판관은 정당에 가입하거나 정치에 관여할 수 없다.

③ 헌법재판소 재판관은 탄핵 또는 금고 이상의 형의 선고에 의하지 아니하고는 파면되지 아니한다.

제113조 ① 헌법재판소에서 법률의 위헌결정, 탄핵의 결정, 정당해산의 결정 또는 헌법소원에 관한 인용결정을 할 때에는 재판관 6인 이상의 찬성이 있어야 한다.

② 헌법재판소는 법률에 저촉되지 아니하는 범위안에서 심판에 관한 절차, 내부규율과 사무처리에 관한 규칙을 제정할 수 있다.

③ 헌법재판소의 조직과 운영 기타 필요한 사항은 법률로 정한다.

제7장 선거관리

제114조 ① 선거와 국민투표의 공정한 관리 및 정당에 관한 사무를 처리하기 위하여 선거관리위원회를 둔다.

② 중앙선거관리위원회는 대통령이 임명하는 3인, 국회에서 선출하는 3인과 대법원장이 지명하는 3인의 위원으로 구성한다. 위원장은 위원중에서 호선한다.

③ 위원의 임기는 6년으로 한다.

④ 위원은 정당에 가입하거나 정치에 관여할 수 없다.

⑤ 위원은 탄핵 또는 금고 이상의 형의 선고에 의하지 아니하고는 파면되지 아니한다.

⑥ 중앙선거관리위원회는 법령의 범위안에서 선거관리·국민투표관리 또는 정당사무에 관한 규칙을 제정할 수 있으며, 법률에 저촉되지 아니하는 범위안에서 내부규율에 관한 규칙을 제정할 수 있다.

⑦ 각급 선거관리위원회의 조직·직무범위 기타 필요한 사항은 법률로 정한다.

제115조 ① 각급 선거관리위원회는 선거인명부의 작성등 선거사무와 국민투표사무에 관하여 관계 행정기관에 필요한 지시를 할 수 있다.

② 제1항의 지시를 받은 당해 행정기관은 이에 응하여야 한다.

제116조 ① 선거운동은 각급 선거관리위원회의 관리하에 법률이 정하는 범위안에서 하되, 균등한 기회가 보장되어야 한다.

② 선거에 관한 경비는 법률이 정하는 경우를 제외하고는 정당 또는 후보자에게 부담시킬 수 없다.

제8장 지방자치

제117조 ① 지방자치단체는 주민의 복리에 관한 사무를 처리하고 재산을 관리하며, 법령의 범위안에서 자치에 관한 규정을 제정할 수 있다.

② 지방자치단체의 종류는 법률로 정한다.

제118조 ① 지방자치단체에 의회를 둔다.

② 지방의회의 조직·권한·의원선거와 지방자치단체의 장의 선임방법 기타 지방자치단체의 조직과 운영에 관한 사항은 법률로 정한다.

제9장 경 제

제119조 ① 대한민국의 경제질서는 개인과 기업의 경제상의 자유와 창의

를 존중함을 기본으로 한다.

② 국가는 균형있는 국민경제의 성장 및 안정과 적정한 소득의 분배를 유지하고, 시장의 지배와 경제력의 남용을 방지하며, 경제주체간의 조화를 통한 경제의 민주화를 위하여 경제에 관한 규제와 조정을 할 수 있다.

第120條 ① 광물 기타 중요한 지하자원·수산자원·수력과 경제상 이용할 수 있는 자연력은 법률이 정하는 바에 의하여 일정한 기간 그 채취·개발 또는 이용을 특허할 수 있다.

② 국토와 자원은 국가의 보호를 받으며, 국가는 그 균형있는 개발과 이용을 위하여 필요한 계획을 수립한다.

第121條 ① 국가는 농지에 관하여 경자유전의 원칙이 달성될 수 있도록 노력하여야 하며, 농지의 소작제도는 금지된다.

② 농업생산성의 제고와 농지의 합리적인 이용을 위하거나 불가피한 사정으로 발생하는 농지의 임대차와 위탁경영은 법률이 정하는 바에 의하여 인정된다.

第122條 국가는 국민 모두의 생산 및 생활의 기반이 되는 국토의 효율적이고 균형있는 이용·개발과 보전을 위하여 법률이 정하는 바에 의하여 그에 관한 필요한 제한과 의무를 과할 수 있다.

第123條 ① 국가는 농업 및 어업을 보호·육성하기 위하여 농·어촌종합개발과 그 지원등 필요한 계획을 수립·시행하여야 한다.

② 국가는 지역간의 균형있는 발전을 위하여 지역경제를 육성할 의무를 진다.

③ 국가는 중소기업을 보호·육성하여야 한다.

④ 국가는 농수산물의 수급균형과 유통구조의 개선에 노력하여 가격안정을 도모함으로써 농·어민의 이익을 보호한다.

⑤ 국가는 농·어민과 중소기업의 자조조직을 육성하여야 하며, 그 자율적 활동과 발전을 보장한다.

第124條 국가는 건전한 소비행위를 계도하고 생산품의 품질향상을 촉구하기 위한 소비자보호운동을 법률이 정하는 바에 의하여 보장한다.

第125條 국가는 대외무역을 육성하며, 이를 규제·조정할 수 있다.

제126조 국방상 또는 국민경제상 긴절한 필요로 인하여 법률이 정하는 경우를 제외하고는, 사영기업을 국유 또는 공유로 이전하거나 그 경영을 통제 또는 관리할 수 없다.

제127조 ① 국가는 과학기술의 혁신과 정보 및 인력의 개발을 통하여 국민경제의 발전에 노력하여야 한다.

② 국가는 국가표준제도를 확립한다.

③ 대통령은 제1항의 목적을 달성하기 위하여 필요한 자문기구를 둘 수 있다.

제10장 헌법개정

제128조 ① 헌법개정은 국회재적의원 과반수 또는 대통령의 발의로 제안된다.

② 대통령의 임기연장 또는 중임변경을 위한 헌법개정은 그 헌법개정 제안 당시의 대통령에 대하여는 효력이 없다.

제129조 제안된 헌법개정안은 대통령이 20일 이상의 기간 이를 공고하여야 한다.

제130조 ① 국회는 헌법개정안이 공고된 날로부터 60일 이내에 의결하여야 하며, 국회의 의결은 재적의원 3분의 2 이상의 찬성을 얻어야 한다.

② 헌법개정안은 국회가 의결한 후 30일 이내에 국민투표에 붙여 국회의원선거권자 과반수의 투표와 투표자 과반수의 찬성을 얻어야 한다.

③ 헌법개정안이 제2항의 찬성을 얻은 때에는 헌법개정은 확정되며, 대통령은 즉시 이를 공포하여야 한다.

부칙 〈헌법 제10호, 1987.10.29.〉

제1조 이 헌법은 1988년 2월 25일부터 시행한다. 다만, 이 헌법을 시행하기 위하여 필요한 법률의 제정·개정과 이 헌법에 의한 대통령 및 국회의원의 선거 기타 이 헌법시행에 관한 준비는 이 헌법시행 전에 할 수 있다.

제2조 ① 이 헌법에 의한 최초의 대통령선거는 이 헌법시행일 40일 전까지 실시한다.

② 이 헌법에 의한 최초의 대통령의 임기는 이 헌법시행일로부터 개시한다.

제3조 ① 이 헌법에 의한 최초의 국회의원선거는 이 헌법공포일로부터 6월 이내에 실시하며, 이 헌법에 의하여 선출된 최초의 국회의원의 임기는 국회의원선거후 이 헌법에 의한 국회의 최초의 집회일로부터 개시한다.

② 이 헌법공포 당시의 국회의원의 임기는 제1항에 의한 국회의 최초의 집회일 전일까지로 한다.

제4조 ① 이 헌법시행 당시의 공무원과 정부가 임명한 기업체의 임원은 이 헌법에 의하여 임명된 것으로 본다. 다만, 이 헌법에 의하여 선임방법이나 임명권자가 변경된 공무원과 대법원장 및 감사원장은 이 헌법에 의하여 후임자가 선임될 때까지 그 직무를 행하며, 이 경우 전임자인 공무원의 임기는 후임자가 선임되는 전일까지로 한다.

② 이 헌법시행 당시의 대법원장과 대법원판사가 아닌 법관은 제1항 단서의 규정에 불구하고 이 헌법에 의하여 임명된 것으로 본다.

③ 이 헌법중 공무원의 임기 또는 중임제한에 관한 규정은 이 헌법에 의하여 그 공무원이 최초로 선출 또는 임명된 때로부터 적용한다.

제5조 이 헌법시행 당시의 법령과 조약은 이 헌법에 위배되지 아니하는 한 그 효력을 지속한다.

제6조 이 헌법시행 당시에 이 헌법에 의하여 새로 설치될 기관의 권한에 속하는 직무를 행하고 있는 기관은 이 헌법에 의하여 새로운 기관이 설치될 때까지 존속하며 그 직무를 행한다.

경범죄 처벌법

[시행 2016.1.25.] [법률 제13813호, 2016.1.22. 일부개정]

제1장 총 칙

제1조(목적) 이 법은 경범죄의 종류 및 처벌에 필요한 사항을 정함으로써 국민의 자유와 권리를 보호하고 사회공공의 질서유지에 이바지함을 목적으로 한다.

제2조(남용금지) 이 법을 적용할 때에는 국민의 권리를 부당하게 침해하지 아니하도록 세심한 주의를 기울여야 하며, 본래의 목적에서 벗어나 다른 목적을 위하여 이 법을 적용하여서는 아니 된다.

제2장 경범죄의 종류와 처벌

제3조(경범죄의 종류) ① 다음 각 호의 어느 하나에 해당하는 사람은 10만원 이하의 벌금, 구류 또는 과료(科料)의 형으로 처벌한다. 〈개정 2014.11.19.〉

1. (빈집 등에의 침입) 다른 사람이 살지 아니하고 관리하지 아니하는 집 또는 그 울타리·건조물(建造物)·배·자동차 안에 정당한 이유 없이 들어간 사람
2. (흉기의 은닉휴대) 칼·쇠몽둥이·쇠톱 등 사람의 생명 또는 신체에 중대한 위해를 끼치거나 집이나 그 밖의 건조물에 침입하는 데에 사용될 수 있는 연장이나 기구를 정당한 이유 없이 숨겨서 지니고 다니는 사람
3. (폭행 등 예비) 다른 사람의 신체에 위해를 끼칠 것을 공모(共謀)하여 예비행위를 한 사람이 있는 경우 그 공모를 한 사람
4. 삭제 〈2013.5.22.〉

5. (시체 현장변경 등) 사산아(死産兒)를 감추거나 정당한 이유 없이 변사체 또는 사산아가 있는 현장을 바꾸어 놓은 사람
6. (도움이 필요한 사람 등의 신고불이행) 자기가 관리하고 있는 곳에 도움을 받아야 할 노인, 어린이, 장애인, 다친 사람 또는 병든 사람이 있거나 시체 또는 사산아가 있는 것을 알면서 이를 관계 공무원에게 지체 없이 신고하지 아니한 사람
7. (관명사칭 등) 국내외의 공직(公職), 계급, 훈장, 학위 또는 그 밖에 법령에 따라 정하여진 명칭이나 칭호 등을 거짓으로 꾸며 대거나 자격이 없으면서 법령에 따라 정하여진 제복, 훈장, 기장 또는 기념장(記念章), 그 밖의 표장(標章) 또는 이와 비슷한 것을 사용한 사람
8. (물품강매·호객행위) 요청하지 아니한 물품을 억지로 사라고 한 사람, 요청하지 아니한 일을 해주거나 재주 등을 부리고 그 대가로 돈을 달라고 한 사람 또는 여러 사람이 모이거나 다니는 곳에서 영업을 목적으로 떠들썩하게 손님을 부른 사람
9. (광고물 무단부착 등) 다른 사람 또는 단체의 집이나 그 밖의 인공구조물과 자동차 등에 함부로 광고물 등을 붙이거나 내걸거나 끼우거나 글씨 또는 그림을 쓰거나 그리거나 새기는 행위 등을 한 사람 또는 다른 사람이나 단체의 간판, 그 밖의 표시물 또는 인공구조물을 함부로 옮기거나 더럽히거나 훼손한 사람 또는 공공장소에서 광고물 등을 함부로 뿌린 사람
10. (마시는 물 사용방해) 사람이 마시는 물을 더럽히거나 사용하는 것을 방해한 사람
11. (쓰레기 등 투기) 담배꽁초, 껌, 휴지, 쓰레기, 죽은 짐승, 그 밖의 더러운 물건이나 못쓰게 된 물건을 함부로 아무 곳에나 버린 사람
12. (노상방뇨 등) 길, 공원, 그 밖에 여러 사람이 모이거나 다니는 곳에서 함부로 침을 뱉거나 대소변을 보거나 또는 그렇게 하도록 시키거나 개 등 짐승을 끌고 와서 대변을 보게 하고 이를 치우지 아니한 사람
13. (의식방해) 공공기관이나 그 밖의 단체 또는 개인이 하는 행사나

의식을 못된 장난 등으로 방해하거나 행사나 의식을 하는 자 또는 그 밖에 관계 있는 사람이 말려도 듣지 아니하고 행사나 의식을 방해할 우려가 뚜렷한 물건을 가지고 행사장 등에 들어간 사람

14. (단체가입 강요) 싫다고 하는데도 되풀이하여 단체 가입을 억지로 강요한 사람

15. (자연훼손) 공원・명승지・유원지나 그 밖의 녹지구역 등에서 풀・꽃・나무・돌 등을 함부로 꺾거나 캔 사람 또는 바위・나무 등에 글씨를 새기거나 하여 자연을 훼손한 사람

16. (타인의 가축・기계 등 무단조작) 다른 사람 또는 단체의 소나 말, 그 밖의 짐승 또는 매어 놓은 배・뗏목 등을 함부로 풀어 놓거나 자동차 등의 기계를 조작한 사람

17. (물길의 흐름 방해) 개천・ 도랑이나 그 밖의 물길의 흐름에 방해될 행위를 한 사람

18. (구걸행위 등) 다른 사람에게 구걸하도록 시켜 올바르지 아니한 이익을 얻은 사람 또는 공공장소에서 구걸을 하여 다른 사람의 통행을 방해하거나 귀찮게 한 사람

19. (불안감조성) 정당한 이유 없이 길을 막거나 시비를 걸거나 주위에 모여들거나 뒤따르거나 몹시 거칠게 겁을 주는 말이나 행동으로 다른 사람을 불안하게 하거나 귀찮고 불쾌하게 한 사람 또는 여러 사람이 이용하거나 다니는 도로・공원 등 공공장소에서 고의로 험악한 문신(文身)을 드러내어 다른 사람에게 혐오감을 준 사람

20. (음주소란 등) 공회당・극장・음식점 등 여러 사람이 모이거나 다니는 곳 또는 여러 사람이 타는 기차・자동차・배 등에서 몹시 거친 말이나 행동으로 주위를 시끄럽게 하거나 술에 취하여 이유 없이 다른 사람에게 주정한 사람

21. (인근소란 등) 악기・라디오・텔레비전・전축・종・확성기・전동기(電動機) 등의 소리를 지나치게 크게 내거나 큰소리로 떠들거나 노래를 불러 이웃을 시끄럽게 한 사람

22. (위험한 불씨 사용) 충분한 주의를 하지 아니하고 건조물, 수풀, 그

밖에 불붙기 쉬운 물건 가까이에서 불을 피우거나 휘발유 또는 그 밖에 불이 옮아붙기 쉬운 물건 가까이에서 불씨를 사용한 사람

23. (물건 던지기 등 위험행위) 다른 사람의 신체나 다른 사람 또는 단체의 물건에 해를 끼칠 우려가 있는 곳에 충분한 주의를 하지 아니하고 물건을 던지거나 붓거나 또는 쏜 사람

24. (인공구조물 등의 관리소홀) 무너지거나 넘어지거나 떨어질 우려가 있는 인공구조물이나 그 밖의 물건에 대하여 관계 공무원으로부터 고칠 것을 요구받고도 필요한 조치를 게을리하여 여러 사람을 위험에 빠트릴 우려가 있게 한 사람

25. (위험한 동물의 관리 소홀) 사람이나 가축에 해를 끼치는 버릇이 있는 개나 그 밖의 동물을 함부로 풀어놓거나 제대로 살피지 아니하여 나다니게 한 사람

26. (동물 등에 의한 행패 등) 소나 말을 놀라게 하여 달아나게 하거나 개나 그 밖의 동물을 시켜 사람이나 가축에게 달려들게 한 사람

27. (무단소등) 여러 사람이 다니거나 모이는 곳에 켜 놓은 등불이나 다른 사람 또는 단체가 표시를 하기 위하여 켜 놓은 등불을 함부로 끈 사람

28. (공중통로 안전관리소홀) 여러 사람이 다니는 곳에서 위험한 사고가 발생하는 것을 막을 의무가 있으면서도 등불을 켜 놓지 아니하거나 그 밖의 예방조치를 게을리한 사람

29. (공무원 원조불응) 눈·비·바람·해일·지진 등으로 인한 재해, 화재·교통사고·범죄, 그 밖의 급작스러운 사고가 발생하였을 때에 현장에 있으면서도 정당한 이유 없이 관계 공무원 또는 이를 돕는 사람의 현장출입에 관한 지시에 따르지 아니하거나 공무원이 도움을 요청하여도 도움을 주지 아니한 사람

30. (거짓 인적사항 사용) 성명, 주민등록번호, 등록기준지, 주소, 직업 등을 거짓으로 꾸며대고 배나 비행기를 타거나 인적사항을 물을 권한이 있는 공무원이 적법한 절차를 거쳐 묻는 경우 정당한 이유 없이 다른 사람의 인적사항을 자기의 것으로 거짓으로 꾸며댄 사람

31. (미신요법) 근거 없이 신기하고 용한 약방문인 것처럼 내세우거나 그 밖의 미신적인 방법으로 병을 진찰・치료・예방한다고 하여 사람들의 마음을 홀리게 한 사람
32. (야간통행제한 위반) 전시・사변・천재지변, 그 밖에 사회에 위험이 생길 우려가 있을 경우에 국민안전처장관이나 경찰청장이 정하는 야간통행제한을 위반한 사람
33. (과다노출) 여러 사람의 눈에 뜨이는 곳에서 공공연하게 알몸을 지나치게 내놓거나 가려야 할 곳을 내놓아 다른 사람에게 부끄러운 느낌이나 불쾌감을 준 사람
34. (지문채취 불응) 범죄 피의자로 입건된 사람의 신원을 지문조사 외의 다른 방법으로는 확인할 수 없어 경찰공무원이나 검사가 지문을 채취하려고 할 때에 정당한 이유 없이 이를 거부한 사람
35. (자릿세 징수 등) 여러 사람이 모이거나 쓸 수 있도록 개방된 시설 또는 장소에서 좌석이나 주차할 자리를 잡아 주기로 하거나 잡아주면서, 돈을 받거나 요구하거나 돈을 받으려고 다른 사람을 귀찮게 따라다니는 사람
36. (행렬방해) 공공장소에서 승차・승선, 입장・매표 등을 위한 행렬에 끼어들거나 떠밀거나 하여 그 행렬의 질서를 어지럽힌 사람
37. (무단 출입) 출입이 금지된 구역이나 시설 또는 장소에 정당한 이유 없이 들어간 사람
38. (총포 등 조작장난) 여러 사람이 모이거나 다니는 곳에서 충분한 주의를 하지 아니하고 총포, 화약류, 그 밖에 폭발의 우려가 있는 물건을 다루거나 이를 가지고 장난한 사람
39. (무임승차 및 무전취식) 영업용 차 또는 배 등을 타거나 다른 사람이 파는 음식을 먹고 정당한 이유 없이 제 값을 치르지 아니한 사람
40. (장난전화 등) 정당한 이유 없이 다른 사람에게 전화・문자메시지・편지・전자우편・전자문서 등을 여러 차례 되풀이하여 괴롭힌 사람
41. (지속적 괴롭힘) 상대방의 명시적 의사에 반하여 지속적으로 접근을 시도하여 면회 또는 교제를 요구하거나 지켜보기, 따라다니기, 잠복

하여 기다리기 등의 행위를 반복하여 하는 사람

② 다음 각 호의 어느 하나에 해당하는 사람은 20만원 이하의 벌금, 구류 또는 과료의 형으로 처벌한다.

1. (출판물의 부당게재 등) 올바르지 아니한 이익을 얻을 목적으로 다른 사람 또는 단체의 사업이나 사사로운 일에 관하여 신문, 잡지, 그 밖의 출판물에 어떤 사항을 싣거나 싣지 아니할 것을 약속하고 돈이나 물건을 받은 사람

2. (거짓 광고) 여러 사람에게 물품을 팔거나 나누어 주거나 일을 해주면서 다른 사람을 속이거나 잘못 알게 할 만한 사실을 들어 광고한 사람

3. (업무방해) 못된 장난 등으로 다른 사람, 단체 또는 공무수행 중인 자의 업무를 방해한 사람

4. (암표매매) 흥행장, 경기장, 역, 나루터, 정류장, 그 밖에 정하여진 요금을 받고 입장시키거나 승차 또는 승선시키는 곳에서 웃돈을 받고 입장권·승차권 또는 승선권을 다른 사람에게 되판 사람

③ 다음 각 호의 어느 하나에 해당하는 사람은 60만원 이하의 벌금, 구류 또는 과료의 형으로 처벌한다. 〈개정 2013.5.22.〉

1. (관공서에서의 주취소란) 술에 취한 채로 관공서에서 몹시 거친 말과 행동으로 주정하거나 시끄럽게 한 사람

2. (거짓신고) 있지 아니한 범죄나 재해 사실을 공무원에게 거짓으로 신고한 사람

제4조(교사·방조) 제3조의 죄를 짓도록 시키거나 도와준 사람은 죄를 지은 사람에 준하여 벌한다.

제5조(형의 면제와 병과) 제3조에 따라 사람을 벌할 때에는 그 사정과 형편을 헤아려서 그 형을 면제하거나 구류와 과료를 함께 과(科)할 수 있다.

제3장 경범죄 처벌의 특례

제6조(정의) ① 이 장에서 "범칙행위"란 제3조제1항 각 호 및 제2항 각 호의 어느 하나에 해당하는 위반행위를 말하며, 그 구체적인 범위는 대통령령으로 정한다.

② 이 장에서 "범칙자"란 범칙행위를 한 사람으로서 다음 각 호의 어느 하나에 해당하지 아니하는 사람을 말한다.

1. 범칙행위를 상습적으로 하는 사람
2. 죄를 지은 동기나 수단 및 결과를 헤아려볼 때 구류처분을 하는 것이 적절하다고 인정되는 사람
3. 피해자가 있는 행위를 한 사람
4. 18세 미만인 사람

③ 이 장에서 "범칙금"이란 범칙자가 제7조에 따른 통고처분에 따라 국고 또는 제주특별자치도의 금고에 납부하여야 할 금전을 말한다.

제7조(통고처분) ① 경찰서장, 해양경비안전서장, 제주특별자치도지사 또는 철도특별사법경찰대장은 범칙자로 인정되는 사람에 대하여 그 이유를 명백히 나타낸 서면으로 범칙금을 부과하고 이를 납부할 것을 통고할 수 있다. 다만, 다음 각 호의 어느 하나에 해당하는 사람에게는 통고하지 아니한다. 〈개정 2014.11.19.〉

1. 통고처분서 받기를 거부한 사람
2. 주거 또는 신원이 확실하지 아니한 사람
3. 그 밖에 통고처분을 하기가 매우 어려운 사람

② 제1항에 따라 통고할 범칙금의 액수는 범칙행위의 종류에 따라 대통령령으로 정한다.

③ 제주특별자치도지사, 철도특별사법경찰대장은 제1항에 따라 통고처분을 한 경우에는 관할 경찰서장에게 그 사실을 통보하여야 한다.

제8조(범칙금의 납부) ① 제7조에 따라 통고처분서를 받은 사람은 통고처분서를 받은 날부터 10일 이내에 국민안전처장관·경찰청장 또는 철도

특별사법경찰대장이 지정한 은행, 그 지점이나 대리점, 우체국 또는 제주특별자치도지사가 지정하는 금융기관이나 그 지점에 범칙금을 납부하여야 한다. 다만, 천재지변이나 그 밖의 부득이한 사유로 말미암아 그 기간 내에 범칙금을 납부할 수 없을 때에는 그 부득이한 사유가 없어지게 된 날부터 5일 이내에 납부하여야 한다. 〈개정 2014.11.19.〉

② 제1항에 따른 납부기간에 범칙금을 납부하지 아니한 사람은 납부기간의 마지막 날의 다음 날부터 20일 이내에 통고받은 범칙금에 그 금액의 100분의 20을 더한 금액을 납부하여야 한다.

③ 제1항 또는 제2항에 따라 범칙금을 납부한 사람은 그 범칙행위에 대하여 다시 처벌받지 아니한다.

제8조의2(범칙금의 납부) ① 범칙금은 제8조에 따른 납부 방법 외에 대통령령으로 정하는 범칙금 납부대행기관을 통하여 신용카드, 직불카드 등(이하 "신용카드등"이라 한다)으로 낼 수 있다. 이 경우 "범칙금 납부대행기관"이란 정보통신망을 이용하여 신용카드등에 의한 결제를 수행하는 기관으로서 대통령령으로 정하는 바에 따라 범칙금 납부대행기관으로 지정받은 자를 말한다.

② 제1항에 따라 신용카드등으로 내는 경우에는 범칙금 납부대행기관의 승인일을 납부일로 본다.

③ 범칙금 납부대행기관은 납부자로부터 신용카드등에 의한 과태료 납부대행 용역의 대가로 대통령령으로 정하는 바에 따라 납부대행 수수료를 받을 수 있다.

④ 범칙금 납부대행기관의 지정 및 운영, 납부대행 수수료 등에 관하여 필요한 사항은 대통령령으로 정한다.

[본조신설 2016.1.22.]

[시행일 : 2016.7.23.] 제8조의2

제9조(통고처분 불이행자 등의 처리) ① 경찰서장, 해양경비안전서장 및 제주특별자치도지사는 다음 각 호의 어느 하나에 해당하는 사람에 대하여는 지체 없이 즉결심판을 청구하여야 한다. 다만, 즉결심판이 청

구되기 전까지 통고받은 범칙금에 그 금액의 100분의 50을 더한 금액을 납부한 사람에 대하여는 그러하지 아니하다. <개정 2014.11.19., 2016.1.22.>

1. 제7조제1항 각 호의 어느 하나에 해당하는 사람
2. 제8조제2항에 따른 납부기간에 범칙금을 납부하지 아니한 사람

② 제1항제2호에 따라 즉결심판이 청구된 피고인이 통고받은 범칙금에 그 금액의 100분의 50을 더한 금액을 납부하고 그 증명서류를 즉결심판 선고 전까지 제출하였을 때에는 경찰서장, 해양경비안전서장 및 제주특별자치도지사는 그 피고인에 대한 즉결심판 청구를 취소하여야 한다. <개정 2014.11.19., 2016.1.22.>

③ 제1항 단서 또는 제2항에 따라 범칙금을 납부한 사람은 그 범칙행위에 대하여 다시 처벌받지 아니한다.

④ 철도특별사법경찰대장은 제1항 각 호의 어느 하나에 해당하는 사람이 있는 경우에는 즉시 관할 경찰서장 또는 해양경비안전서장에게 그 사실을 통보하고 관련 서류를 넘겨야 한다. 이 경우 통보를 받은 경찰서장 또는 해양경비안전서장은 제1항부터 제3항까지의 규정에 따라 이를 처리하여야 한다. <개정 2014.11.19., 2016.1.22.>

부 칙 <제13813호, 2016.1.22.>

제1조(시행일) 이 법은 공포 후 6개월이 경과한 날부터 시행한다. 다만, 제9조의 개정규정은 2016년 1월 25일부터 시행한다.

제2조(통고처분 불이행자 등에 대한 즉결심판 청구에 관한 경과조치) 이 법 시행 전에 관할 경찰서장이 제주특별자치도지사로부터 즉결심판 대상이라는 사실을 통보받아 즉결심판을 청구한 경우에는 제9조의 개정규정에도 불구하고 종전의 규정에 따른다.

[별표] 〈개정 2014.11.19.〉

범칙행위 및 범칙금액(제2조 관련)

근거 법조문	범칙행위	범칙금액
법 제3조 제1항 제1호(빈집 등에의 침입)	다른 사람이 살지 않고 관리하지 않는 집 또는 그 울타리·건조물(建造物)·배·자동차 안에 정당한 이유 없이 들어간 경우	8만원
법 제3조 제1항 제2호(흉기의 은닉휴대)	칼·쇠몽둥이·쇠톱 등 사람의 생명 또는 신체에 중대한 위해를 끼치거나 집이나 그 밖의 건조물에 침입하는 데에 사용될 수 있는 연장이나 기구를 정당한 이유 없이 숨겨서 지니고 다니는 경우	8만원
법 제3조 제1항 제3호(폭행 등 예비)	다른 사람의 신체에 위해를 끼칠 것을 공모(共謀)하여 예비행위를 한 사람이 있는 경우 그 공모를 한 경우	8만원
법 제3조 제1항 제5호(시체 현장변경 등)	사산아(死産兒)를 감추거나 정당한 이유 없이 변사체 또는 사산아가 있는 현장을 바꾸어 놓은 경우	8만원
법 제3조 제1항 제6호(도움이 필요한 사람 등의 신고불이행)	자기가 관리하고 있는 곳에 도움을 받아야 할 노인, 어린이, 장애인, 다친 사람 또는 병든 사람이 있거나 시체 또는 사산아가 있는 것을 알면서 이를 관계 공무원에게 지체 없이 신고하지 않은 경우	8만원
법 제3조 제1항 제7호(관명사칭 등)	국내외의 공직(公職), 계급, 훈장, 학위 또는 그 밖에 법령에 따라 정해진 명칭이나 칭호 등을 거짓으로 꾸며 대거나 자격이 없으면서 법령에 따라 정해진 제복, 훈장, 기장 또는 기념장(記念章), 그 밖의 표장(標章) 또는 이와 비슷한 것을 사용한 경우	8만원
법 제3조 제1항 제8호(물품강매·호객행위)	가. 요청하지 않은 물품을 억지로 사라고 한 사람, 요청하지 않은 일을 해주거나 재주 등을 부리고 그 대가로 돈을 달라고 한 경우	8만원
	나. 여러 사람이 모이거나 다니는 곳에서 영업을 목적으로 떠들썩하게 손님을 부른 경우	5만원

법 제3조 제1항 제9호(광고물 무단부착 등)	가. 다른 사람 또는 단체의 집이나 그 밖의 인공구조물과 자동차 등에 함부로 광고물 등을 붙이거나 내걸거나 끼우거나 글씨 또는 그림을 쓰거나 그리거나 새기는 행위 등을 한 사람 또는 공공장소에서 광고물 등을 함부로 뿌린 경우	5만원
	나. 다른 사람이나 단체의 간판, 그 밖의 표시물 또는 인공구조물을 함부로 옮기거나 더럽히거나 훼손한 경우	8만원
법 제3조 제1항 제10호(마시는 물 사용방해)	사람이 마시는 물을 더럽히거나 사용하는 것을 방해한 경우	8만원
법 제3조 제1항 제11호(쓰레기 등 투기)	가. 쓰레기, 죽은 짐승, 그 밖의 더러운 물건(나목에 규정된 것은 제외한다)이나 못쓰게 된 물건을 함부로 아무 곳에나 버린 경우	5만원
	나. 담배꽁초, 껌, 휴지를 아무 곳에나 버린 경우	3만원
법 제3조 제1항 제12호(노상방뇨 등)	가. 길, 공원, 그 밖에 여러 사람이 모이거나 다니는 곳에서 대소변을 보거나 또는 그렇게 하도록 시키거나 개 등 짐승을 끌고 와서 대변을 보게 하고 이를 치우지 않은 경우	5만원
	나. 길, 공원, 그 밖에 여러 사람이 모이거나 다니는 곳에서 함부로 침을 뱉은 경우	3만원
법 제3조 제1항 제13호(의식방해)	공공기관이나 그 밖의 단체 또는 개인이 하는 행사나 의식을 못된 장난 등으로 방해하거나 행사나 의식을 하는 경우 또는 그 밖에 관계있는 사람이 말려도 듣지 않고 행사나 의식을 방해할 우려가 뚜렷한 물건을 가지고 행사장 등에 들어간 경우	8만원
법 제3조 제1항 제14호(단체가입 강요)	싫다고 하는데도 되풀이하여 단체 가입을 억지로 강요한 경우	5만원
법 제3조 제1항 제15호(자연훼손)	공원·명승지·유원지나 그 밖의 녹지구역 등에서 풀·꽃·나무·돌 등을 함부로 꺾거나 캔 경우 또는 바위·나무 등에 글씨를 새기거나 하여 자연을 훼손한 경우	5만원

법 제3조 제1항 제16호(타인의 가축·기계 등 무단조작)	다른 사람 또는 단체의 소나 말, 그 밖의 짐승 또는 매어 놓은 배·뗏목 등을 함부로 풀어 놓거나 자동차 등의 기계를 조작한 경우	8만원
법 제3조 제1항 제17호(물길의 흐름 방해)	개천·도랑이나 그 밖의 물길의 흐름에 방해될 행위를 한 경우	2만원
법 제3조 제1항 제18호(구걸행위 등)	가. 다른 사람에게 구걸하도록 시켜 올바르지 않은 이익을 얻은 경우	8만원
	나. 공공장소에서 구걸을 하여 다른 사람의 통행을 방해하거나 귀찮게 한 경우	5만원
법 제3조 제1항 제19호(불안감조성)	정당한 이유 없이 길을 막거나 시비를 걸거나 주위에 모여들거나 뒤따르거나 몹시 거칠게 겁을 주는 말이나 행동으로 다른 사람을 불안하게 하거나 귀찮고 불쾌하게 한 경우 또는 여러 사람이 이용하거나 다니는 도로·공원 등 공공장소에서 고의로 험악한 문신(文身)을 드러내어 다른 사람에게 혐오감을 준 경우	5만원
법 제3조 제1항 제20호(음주소란 등)	공회당·극장·음식점 등 여러 사람이 모이거나 다니는 곳 또는 여러 사람이 타는 기차·자동차·배 등에서 몹시 거친 말이나 행동으로 주위를 시끄럽게 하거나 술에 취하여 이유 없이 다른 사람에게 주정한 경우	5만원
법 제3조 제1항 제21호(인근소란 등)	악기·라디오·텔레비전·전축·종·확성기·전동기(電動機) 등의 소리를 지나치게 크게 내거나 큰소리로 떠들거나 노래를 불러 이웃을 시끄럽게 한 경우	3만원
법 제3조 제1항 제22호(위험한 불씨 사용)	충분한 주의를 하지 않고 건조물, 수풀, 그 밖에 불붙기 쉬운 물건 가까이에서 불을 피우거나 휘발유 또는 그 밖에 불이 옮아붙기 쉬운 물건 가까이에서 불씨를 사용한 경우	8만원
법 제3조 제1항 제23호(물건 던지기 등 위험행위)	다른 사람의 신체나 다른 사람 또는 단체의 물건에 해를 끼칠 우려가 있는 곳에 충분한 주의를 하지 않고 물건을 던지거나 붓거나 또는 쏜 경우	3만원
법 제3조 제1항 제24호(인공구조물 등의 관리소홀)	무너지거나 넘어지거나 떨어질 우려가 있는 인공구조물이나 그 밖의 물건에 대하여 관계 공무원으로부터 고칠 것을 요구받고도 필요한 조치를	5만원

	게을리하여 여러 사람을 위험에 빠트릴 우려가 있게 한 경우	
법 제3조 제1항 제25호(위험한 동물의 관리 소홀)	사람이나 가축에 해를 끼치는 버릇이 있는 개나 그 밖의 동물을 함부로 풀어놓거나 제대로 살피지 않아 나다니게 한 경우	5만원
법 제3조 제1항 제26호(동물 등에 의한 행패 등)	가. 소나 말을 놀라게 하여 달아나게 한 경우	5만원
	나. 개나 그 밖의 동물을 시켜 사람이나 가축에게 달려들게 한 경우	8만원
법 제3조 제1항 제27호(무단소등)	여러 사람이 다니거나 모이는 곳에 켜 놓은 등불이나 다른 사람 또는 단체가 표시를 하기 위하여 켜 놓은 등불을 함부로 끈 경우	5만원
법 제3조 제1항 제28호(공중통로 안전관리소홀)	여러 사람이 다니는 곳에서 위험한 사고가 발생하는 것을 막을 의무가 있으면서도 등불을 켜 놓지 않거나 그 밖의 예방조치를 게을리한 경우	5만원
법 제3조 제1항 제29호(공무원 원조불응)	눈·비·바람·해일·지진 등으로 인한 재해, 화재·교통사고·범죄, 그 밖의 급작스러운 사고가 발생하였을 때에 현장에 있으면서도 정당한 이유 없이 관계 공무원 또는 이를 돕는 사람의 현장출입에 관한 지시에 따르지 않거나 공무원이 도움을 요청하여도 도움을 주지 않은 경우	5만원
법 제3조 제1항 제30호(거짓 인적사항 사용)	성명, 주민등록번호, 등록기준지, 주소, 직업 등을 거짓으로 꾸며대고 배나 비행기를 타거나 인적사항을 물을 권한이 있는 공무원이 적법한 절차를 거쳐 묻는 상황에서 정당한 이유 없이 다른 사람의 인적사항을 자기의 것으로 거짓으로 꾸며댄 경우	8만원
법 제3조 제1항 제31호(미신요법)	근거 없이 신기하고 용한 약방문인 것처럼 내세우거나 그 밖의 미신적인 방법으로 병을 진찰·치료·예방한다고 하여 사람들의 마음을 홀리게 한 경우	2만원
법 제3조 제1항 제32호(야간통행제한 위반)	전시·사변·천재지변, 그 밖에 사회에 위험이 생길 우려가 있는 상황에서 국민안전처장관이나 경찰청장이 정하는 야간통행제한을 위반한 경우	3만원
법 제3조 제1항 제33호(과다노출)	여러 사람의 눈에 뜨이는 곳에서 공공연하게 알몸을 지나치게 내놓거나 가려야 할 곳을 내놓아 다른 사람에게 부끄러운 느낌이나 불쾌감을 준 경우	5만원

법 제3조 제1항 제34호(지문채취 불응)	범죄 피의자로 입건된 사람의 신원을 지문조사 외의 다른 방법으로는 확인할 수 없어 경찰공무원이나 검사가 지문을 채취하려고 할 때에 정당한 이유 없이 이를 거부한 경우	5만원
법 제3조 제1항 제35호(자릿세 징수 등)	여러 사람이 모이거나 쓸 수 있도록 개방된 시설 또는 장소에서 좌석이나 주차할 자리를 잡아 주기로 하거나 잡아주면서, 돈을 받거나 요구하거나 돈을 받으려고 다른 사람을 귀찮게 따라다니는 경우	8만원
법 제3조 제1항 제36호(행렬방해)	공공장소에서 승차 · 승선, 입장 · 매표 등을 위한 행렬에 끼어들거나 떠밀거나 하여 그 행렬의 질서를 어지럽힌 경우	5만원
법 제3조 제1항 제37호(무단 출입)	출입이 금지된 구역이나 시설 또는 장소에 정당한 이유 없이 들어간 경우	2만원
법 제3조 제1항 제38호(총포 등 조작장난)	여러 사람이 모이거나 다니는 곳에서 충분한 주의를 하지 않고 총포, 화약류, 그 밖에 폭발의 우려가 있는 물건을 다루거나 이를 가지고 장난한 경우	8만원
법 제3조 제1항 제39호(무임승차 및 무전취식)	영업용 차 또는 배 등을 타거나 다른 사람이 파는 음식을 먹고 정당한 이유 없이 제 값을 치르지 않은 경우	5만원
법 제3조 제1항 제40호(장난전화 등)	정당한 이유 없이 다른 사람에게 전화 · 문자메시지 · 편지 · 전자우편 · 전자문서 등을 여러 차례 되풀이하여 괴롭힌 경우	8만원
법 제3조 제1항 제41호(지속적 괴롭힘)	상대방의 명시적 의사에 반하여 지속적으로 접근을 시도하여 면회 또는 교제를 요구하거나 지켜보기, 따라다니기, 잠복하여 기다리기 등의 행위를 반복하여 하는 경우	8만원
법 제3조 제2항 제1호(출판물의 부당게재 등)	올바르지 않은 이익을 얻을 목적으로 다른 사람 또는 단체의 사업이나 사사로운 일에 관하여 신문, 잡지, 그 밖의 출판물에 어떤 사항을 싣거나 싣지 않을 것을 약속하고 돈이나 물건을 받은 경우	16만원
법 제3조 제2항 제2호(거짓 광고)	여러 사람에게 물품을 팔거나 나누어 주거나 일을 해주면서 다른 사람을 속이거나 잘못 알게 할 만한 사실을 들어 광고한 경우	16만원

법 제3조 제2항 제3호(업무방해)	못된 장난 등으로 다른 사람, 단체 또는 공무수행 중인 자의 업무를 방해한 경우	16만원
법 제3조 제2항 제4호(암표매매)	흥행장, 경기장, 역, 나루터, 정류장, 그 밖에 정해진 요금을 받고 입장시키거나 승차 또는 승선시키는 곳에서 웃돈을 받고 입장권·승차권 또는 승선권을 다른 사람에게 되판 경우	16만원

비고 : 범칙금의 납부 통고를 받은 사람이 통고처분을 불이행하여 법 제9조 제1항에 따라 통고받은 범칙금에 가산금을 더하여 납부할 경우에 최대 납부할 금액은 법 제3조제1항 각 호의 행위로 인한 경우에는 10만원으로 하고, 법 제3조 제2항 각 호의 행위로 인한 경우에는 20만원으로 한다.

■ 경범죄 처벌법 시행규칙 [별지 제1호서식] 〈개정 2014.11.19.〉

범칙금 영수증(경범죄)

(위반자용)

통고서번호	-3-	회계	□ 경찰청 소관 □ 국민안전처 소관 □ 제주특별자치도 소관 □ 철도특별사법경찰대 소관	세입 징수관서	경찰서 해양경비안전서 제주특별자치도 철도특별사법경찰대
납부고지일	년 월 일		계좌번호		
(1차) 납부기한	년 월 일		금액		원
(2차) 납부기한	년 월 일		가산금액		원
성명			주민등록번호	-	

흰색

※ 1차 납부기한 다음 날부터 2차 납부기한까지는 범칙금의 100분의 20의 금액을 더하여 납부하여야 합니다.

위 금액을 영수합니다.
년 월 일

은행(우체국) 지점

수납자인	취급점경수인

(위반자용)

범칙금 납부통고서(경범죄)

통고서번호: -3-

(1차)납부기한		년 월 일		금액	원
(2차)납부기한		년 월 일		가산금액	원
적용 법조문		「경범죄 처벌법」 제3조제 항제 호		범칙내용	
범칙자	성명		직업	주민등록번호	-
	주소			전화번호	
범칙행위	일시	년 월 일 시 분			
	장소				

주황색

위 내용이 사실임을 확인하고 서명합니다. (범칙자) (서명 또는 지장)

「경범죄처벌법」 제7조 및 같은 법 시행령 제3조제1항에 따라 위와 같이 범칙금의 납부를 통고하오니 기한 내에 납부하시기 바랍니다. 만일 기한 내에 범칙금을 납부하지 않으면 즉결심판에 회부됨을 알려 드립니다.

년 월 일

경찰서장, 해양경비안전서장
제주특별자치도지사
철도특별사법경찰대장 직인

160mm×195mm[보존용지(1종) 34g/m²]

■ 경범죄 처벌법 시행규칙 [별지 제1호서식] (뒷면)

알 림

1. 1차 납부기한까지 범칙금을 납부하지 않았을 때에는 그 기한이 만료되는 날의 다음 날부터 2차 납부기한까지는 범칙금의 100분의 20의 금액을 더하여 납부해야 합니다.
2. 2차 납부기한이 지났을 때에는 「경범죄 처벌법」 제9조제1항 및 같은 법 시행령 제6조제2항에 따라 통고받은 범칙금에 그 금액의 100분의 50을 더한 금액(「경범죄 처벌법」 제3조제1항 관련 행위는 최대 10만원, 「경범죄 처벌법」 제3조제2항 관련 행위는 최대 20만원)을 납부하시면 즉결심판을 받지 않아도 됩니다.
3. 범칙금 납부통고서를 잃어버렸을 때에는 가까운 경찰서(생활질서계), 해양경비안전서(안전관리계)·파출소 또는 출장소, 자치경찰대, 철도특별사법경찰대·센터·출장소에 가서 재발급받으시기 바랍니다.
4. 범칙금 영수증은 반드시 보관하시기 바랍니다.

범칙행위 및 범칙금액표

조항	범 칙 행 위	금액	법조문	범 칙 행 위	금액
「경범죄 처벌법」 제3조제1항 관련					
제1호	빈집 등에의 침입	8만원	제19호	불안감조성	5만원
제2호	흉기의 은닉휴대	8만원	제20호	음주소란 등	5만원
제3호	폭행 등 예비	8만원	제21호	인근소란 등	3만원
제5호	시체 현장변경 등	8만원	제22호	위험한 불씨 사용	8만원
제6호	도움이 필요한 사람 등의 신고불이행	8만원	제23호	물건 던지기 등 위험행위	3만원
제7호	관명사칭 등	8만원	제24호	인공구조물 등의 관리소홀	5만원
제8호	물품강매·호객행위		제25호	위험한 동물의 관리소홀	5만원
	가. 물품강매, 요청하지 않은 행위에 대한 대가 요구	8만원	제26호	동물 등에 의한 행패 등	
				가. 소나 말을 놀라게 하여 달아나게 한 경우	5만원
	나. 호객행위	5만원			
제9호	광고물 무단부착 등			나. 개나 그 밖의 동물을 시켜 사람에게 달려들게 한 경우	8만원
	가. 광고물부착, 기재 및 광고물 살포	5만원			
	나. 타인 간판 등 이동 및 훼손	8만원	제27호	무단소등	5만원
제10호	마시는 물 사용방해	8만원	제28호	공중통로 안전관리소홀	5만원
제11호	쓰레기 등 투기		제29호	공무원 원조불응	5만원
	가. 쓰레기, 죽은 짐승 등 투기	5만원	제30호	거짓 인적사항 사용	8만원
	나. 담배꽁초, 껌, 휴지 투기	3만원	제31호	미신요법	2만원
제12호	노상방뇨 등		제32호	야간통행제한 위반	3만원
	가. 대소변을 보는 행위, 동물대변 미수거	5만원	제33호	과다노출	5만원
			제34호	지문채취 불응	5만원
	나. 침 뱉는 행위	3만원	제35호	자릿세 징수 등	8만원
제13호	의식방해	8만원	제36호	행렬방해	5만원
제14호	단체가입 강요	5만원	제37호	무단 출입	2만원
제15호	자연훼손	5만원	제38호	총포 등 조작장난	8만원
제16호	타인의 가축·기계 등 무단조작	8만원	제39호	무임승차 및 무전취식	5만원
제17호	물길의 흐름 방해	2만원	제40호	장난전화 등	8만원
제18호	구걸행위 등		제41호	지속적 괴롭힘	8만원
	가. 구걸하도록 시켜 올바르지 않은 이익을 얻는 행위	8만원			
	나. 구걸행위로 통행을 방해하거나 행인에게 불편을 주는 행위	5만원			
「경범죄 처벌법」 제3조제2항 관련					
제1호	출판물의 부당게재 등	16만원	제3호	업무방해	16만원
제2호	거짓 광고	16만원	제4호	암표매매	16만원

이 계약서는 법무부에서 국토교통부·서울시 및 학계 전문가와 함께 민법, 주택임대차보호법, 공인중개사법 등 관계법령에 근거하여 만들었습니다. 법의 보호를 받기 위해 【중요확인사항】(별지)을 꼭 확인하시기 바랍니다.

주택임대차계약서

☐보증금 있는 월세
☐전세 ☐월세

임대인( )과 임차인( )은 아래와 같이 임대차 계약을 체결한다

[임차주택의 표시]

소 재 지	(도로명주소)			
토 지	지목		면적	㎡
건 물	구조·용도		면적	㎡
임차할부분	상세주소가 있는 경우 동·층·호 정확히 기재		면적	㎡

미납 국세	선순위 확정일자 현황	확정일자 부여란
☐ 없음 (임대인 서명 또는 날인 ____________㊞) ☐ 있음(중개대상물 확인·설명서 제2쪽 Ⅱ. 개업공인중개사 세부 확인사항 '⑨ 실제 권리관계 또는 공시되지 않은 물건의 권리사항'에 기재)	☐ 해당 없음 (임대인 서명 또는 날인 ㊞) ☐ 해당 있음(중개대상물 확인·설명서 제2쪽 Ⅱ. 개업공인중개사 세부 확인사항 '⑨ 실제 권리관계 또는 공시되지 않은 물건의 권리사항'에 기재)	
유의사항: 미납국세 및 선순위 확정일자 현황과 관련하여 개업공인중개사는 임대인에게 자료제출을 요구할 수 있으나, 세무서와 확정일자부여기관에 이를 직접 확인할 법적권한은 없습니다. ※ 미납국세·선순위확정일자 현황 확인방법은 "별지" 참조		

[계약내용]

제1조(보증금과 차임) 위 부동산의 임대차에 관하여 임대인과 임차인은 합의에 의하여 보증금 및 차임을 아래와 같이 지불하기로 한다.

보 증 금	금 원정(₩)
계 약 금	금 원정(₩)은 계약시에 지불하고 영수함. 영수자 (인)
중 도 금	금 원정(₩)은 ______년 ______월 ______일에 지불하며
잔 금	금 원정(₩)은 ______년 ______월 ______일에 지불한다
차임(월세)	금 원정은 매월 일에 지불한다(입금계좌:)

제2조(임대차기간) 임대인은 임차주택을 임대차 목적대로 사용·수익할 수 있는 상태로 년 월 일까지 임차인에게 인도하고, 임대차기간은 인도일로부터 년 월 일까지로 한다.

제3조(입주 전 수리) 임대인과 임차인은 임차주택의 수리가 필요한 시설물 및 비용부담에 관하여 다음과 같이 합의한다.

수리 필요 시설	☐ 없음 ☐ 있음(수리할 내용:)
수리 완료 시기	☐ 잔금지급 기일인 ______년 ____월 ____일까지 ☐ 기타 ( )
약정한 수리 완료 시기까지 미 수리한 경우	☐ 수리비를 임차인이 임대인에게 지급하여야 할 보증금 또는 차임에서 공제 ☐ 기타( )

제4조(임차주택의 사용·관리·수선) ① 임차인은 임대인의 동의 없이 임차주택의 구조변경 및 전대나 임차권 양도를 할 수 없으며, 임대차 목적인 주거 이외의 용도로 사용할 수 없다.

② 임대인은 계약 존속 중 임차주택을 사용·수익에 필요한 상태로 유지하여야 하고, 임차인은 임대인이 임차주택의 보존에 필요한 행위를 하는 때 이를 거절하지 못한다.

③ 임대인과 임차인은 계약 존속 중에 발생하는 임차주택의 수리 및 비용부담에 관하여 다음과 같이 합의한다. 다만, 합의되지 아니한 기타 수선비용에 관한 부담은 민법, 판례 기타 관습에 따른다.

임대인부담	(예컨대, 난방, 상·하수도, 전기시설 등 임차주택의 주요설비에 대한 노후·불량으로 인한 수선은 민법 제623조, 판례상 임대인이 부담하는 것으로 해석됨)
임차인부담	(예컨대, 임차인의 고의·과실에 기한 파손, 전구 등 통상의 간단한 수선, 소모품 교체 비용은 민법 제623조, 판례상 임차인이 부담하는 것으로 해석됨)

④ 임차인이 임대인의 부담에 속하는 수선비용을 지출한 때에는 임대인에게 그 상환을 청구할 수 있다.

제5조(계약의 해제) 임차인이 임대인에게 중도금(중도금이 없을 때는 잔금)을 지급하기 전까지, 임대인은 계약금의 배액을 상환하고, 임차인은 계약금을 포기하고 이 계약을 해제할 수 있다.

제6조(채무불이행과 손해배상) 당사자 일방이 채무를 이행하지 아니하는 때에는 상대방은 상당한 기간을 정하여 그 이행을 최고하고 계약을 해제할 수 있으며, 그로 인한 손해배상을 청구할 수 있다. 다만, 채무자가 미리 이행하지 아니할 의사를 표시한 경우의 계약해제는 최고를 요하지 아니한다.

제7조(계약의 해지) ① 임차인은 본인의 과실 없이 임차주택의 일부가 멸실 기타 사유로 인하여 임대차의 목적대로 사용할 수 없는 경우에는 계약을 해지할 수 있다.

② 임대인은 임차인이 2기의 차임액에 달하도록 연체하거나, 제4조 제1항을 위반한 경우 계약을 해지할 수 있다.

제8조(계약의 종료) 임대차계약이 종료된 경우에 임차인은 임차주택을 원래의 상태로 복구하여 임대인에게 반환하고, 이와 동시에 임대인은 보증금을 임차인에게 반환하여야 한다. 다만, 시설물의 노후화나 통상 생길 수 있는 파손 등은 임차인의 원상복구의무에 포함되지 아니한다.

제9조(비용의 정산) ① 임차인은 계약종료 시 공과금과 관리비를 정산하여야 한다.

② 임차인은 이미 납부한 관리비 중 장기수선충당금을 소유자에게 반환 청구할 수 있다. 다만, 관리사무소 등 관리주체가 장기수선충당금을 정산하는 경우에는 그 관리주체에게 청구할 수 있다.

제10조(중개보수 등) 중개보수는 거래 가액의 ____________% 인 ________________원(□ 부가가치세 포함 □ 불포함)으로 임대인과 임차인이 각각 부담한다. 다만, 개업공인중개사의 고의 또는 과실로 인하여 중개의뢰인간의 거래행위가 무효·취소 또는 해제된 경우에는 그러하지 아니하다.

제11조(중개대상물확인 · 설명서 교부) 개업공인중개사는 중개대상물 확인·설명서를 작성하고 업무보증관계증서(공제증서등) 사본을 첨부하여 __________년_________월_________일 임대인과 임차인에게 각각 교부한다.

[특약사항]

상세주소가 없는 경우 임차인의 상세주소부여 신청에 대한 소유자 동의여부(□ 동의 □ 미동의)

※ 기타 임차인의 대항력·우선변제권 확보를 위한 사항, 관리비·전기료 납부방법 등 특별히 임대인과 임차인이 약정할 사항이 있으면 기재
- 【대항력과 우선변제권 확보 관련 예시】 "주택을 인도받은 임차인은 ___년 ___월 ___일까지 주민등록(전입신고)과 주택임대차계약서상 확정일자를 받기로 하고, 임대인은 ____년 ____월 ____일(최소한 임차인의 위 약정일자 이틀 후부터 가능)에 저당권 등 담보권을 설정할 수 있다."는 등 당사자 사이 합의에 의한 특약 가능

본 계약을 증명하기 위하여 계약 당사자가 이의 없음을 확인하고 각각 서명·날인 후 임대인, 임차인, 개업공인중개사는 매 장마다 간인하여, 각각 1통씩 보관한다. 년 월 일

임대인	주 소							서명 또는 날인□
	주민등록번호			전 화		성 명		
	대 리 인	주 소		주민등록번호		성 명		
임차인	주 소							서명 또는 날인□
	주민등록번호			전 화		성 명		
	대 리 인	주 소		주민등록번호		성 명		
중개업자	사무소소재지			사무소소재지				
	사무소명칭			사무소명칭				
	대 표	서명 및 날인 □		대 표	서명 및 날인 □			
	등록번호		전화	등록번호		전화		
	소속공인중개사	서명 및 날인 □		소속공인중개사	서명 및 날인 □			

법무부 국토교통부 서울특별시

별지)

법의 보호를 받기 위한 중요사항! 반드시 확인하세요

〈 계약 체결 시 꼭 확인하세요 〉

【당사자 확인 / 권리순위관계 확인 / 중개대상물 확인 · 설명서 확인】

① 신분증·등기사항증명서 등을 통해 당사자 본인이 맞는지, 적법한 임대·임차권한이 있는지 확인합니다.

② 대리인과 계약 체결 시 위임장·대리인 신분증을 확인하고, 임대인(또는 임차인)과 직접 통화하여 확인하여야 하며, 보증금은 가급적 임대인 명의 계좌로 직접 송금합니다.

③ **중개대상물 확인 · 설명서**에 누락된 것은 없는지, 그 내용은 어떤지 꼼꼼히 확인하고 서명하여야 합니다.

【대항력 및 우선변제권 확보】

① 임차인이 **주택의 인도와 주민등록**을 마친 때에는 그 다음날부터 제3자에게 임차권을 주장할 수 있고, 계약서에 **확정일자**까지 받으면, 후순위권리자나 그 밖의 채권자에 우선하여 **변제**받을 수 있습니다.

- 임차인은 최대한 신속히 ① 주민등록과 ② 확정일자를 받아야 하고, 주택의 점유와 주민등록은 임대차 기간 중 계속 유지하고 있어야 합니다.

② **등기사항증명서, 미납국세, 다가구주택 확정일자 현황** 등 반드시 확인하여 선순위 담보권자가 있는지, 있다면 금액이 얼마인지를 확인하고 계약 체결여부를 결정하여야 보증금을 지킬 수 있습니다.

※ 미납국세와 확정일자 현황은 임대인의 동의를 받아 임차인이 관할 세무서 또는 관할 주민센터·등기소에서 확인하거나, 임대인이 직접 납세증명원이나 확정일자 현황을 발급받아 확인시켜 줄 수 있습니다.

〈 계약기간 중 꼭 확인하세요 〉

【차임증액청구】

계약기간 중이나 묵시적 갱신 시 차임·보증금을 증액하는 경우에는 5%를 초과하지 못하고, 계약체결 또는 약정한 차임 등의 증액이 있은 후 1년 이내에는 하지 못합니다.

【월세 소득공제 안내】

근로소득이 있는 거주자 또는 「조세특례제한법」 제122조의3 제1항에 따른 성실사업자는 「소득세법」 및 「조세특례제한법」 에 따라 월세에 대한 소득공제를 받을 수 있습니다. 근로소득세 연말정산 또는 종합소득세 신고 시 **주민등록표등본, 임대차계약증서 사본 및 임대인에게 월세액을 지급하였음을 증명할 수 있는 서류**를 제출하면 됩니다. 기타 자세한 사항은 국세청 콜센터(국번 없이 126)로 문의하시기 바랍니다.

【묵시적 갱신 등】

① 임대인은 임대차기간이 끝나기 6개월부터 1개월 전까지, 임차인은 1개월 전까지 각 상대방에게 기간을 종료하겠다거나 조건을 변경하여 재계약을 하겠다는 취지의 통지를 하지 않으면 종전 임대차와 동일한 조건으로 자동 갱신됩니다.

② 제1항에 따라 갱신된 임대차의 존속기간은 2년입니다. 이 경우, 임차인은 언제든지 계약을 해지할 수 있지만 임대인은 계약서 제7조의 사유 또는 임차인과의 합의가 있어야 계약을 해지할 수 있습니다.

〈 계약종료 시 꼭 확인하세요 〉

【보증금액 변경시 확정일자 날인】

계약기간 중 보증금을 증액하거나, 재계약을 하면서 보증금을 증액한 경우에는 증액된 보증금액에 대한 우선변제권을 확보하기 위하여 반드시 **다시 확정일자**를 받아야 합니다.

【임차권등기명령 신청】

임대차가 종료된 후에도 보증금이 반환되지 아니한 경우 임차인은 임대인의 동의 없이 임차주택 소재지 관할 법원에서 임차권등기명령을 받아, **등기부에 등재된 것을 확인하고 이사**해야 우선변제 순위를 유지할 수 있습니다. 이때, 임차인은 임차권등기명령 관련 비용을 임대인에게 청구할 수 있습니다

법무부 국토교통부 서울특별시

표준근로계약서

___________(이하 "사업주"라 함)과(와) __________(이하 "근로자"라 함)은 다음과 같이 근로계약을 체결한다.

1. 근로계약기간 : 년 월 일부터 년 월 일까지
   ※ 근로계약기간을 정하지 않는 경우에는 "근로개시일" 만 기재
2. 근 무 장 소 :
3. 업무의 내용 :
4. 소정근로시간 : __시__분부터 __시__분까지 (휴게시간 : 시 분~ 시 분)
5. 근무일/휴일 : 매주 __일(또는 매일단위)근무, 주휴일 매주 __요일
6. 임 금
   - 월(일, 시간)급 : _______________원
   - 상여금 : 있음 ( ) ____________________원, 없음 ( )
   - 기타급여(제수당 등) : 있음 ( ), 없음 ( )
     · __________________원, __________________원
     · __________________원, __________________원
   - 임금지급일 : 매월(매주 또는 매일) ___일(휴일의 경우는 전일 지급)
   - 지급방법 : 근로자에게 직접지급( ), 근로자 명의 예금통장에 입금( )
7. 연차유급휴가
   - 연차유급휴가는 근로기준법에서 정하는 바에 따라 부여함
8. 사회보험 적용여부(해당란에 체크)
   □ 고용보험 □ 산재보험 □ 국민연금 □ 건강보험
9. 근로계약서 교부
   - 사업주는 근로계약을 체결함과 동시에 본 계약서를 사본하여 근로자의 교부요구와 관계없이 근로자에게 교부함(근로기준법 제17조 이행)
10. 기 타
   - 이 계약에 정함이 없는 사항은 근로기준법령에 의함

년 월 일

(사업주) 사업체명 : (전화 :)
주 소 :
대 표 자 : (서명)

(근로자) 주 소 :
연 락 처 :
성 명 : (서명)

연소근로자(18세 미만인 자) 표준근로계약서

__________(이하 "사업주"라 함)과(와) __________(이하 "근로자"라 함)은 다음과 같이 근로계약을 체결한다.

1. 근로계약기간 : 년 월 일부터 년 월 일까지
   ※ 근로계약기간을 정하지 않는 경우에는 "근로 개시일" 만 기재
2. 근 무 장 소 :
3. 업무의 내용 :
4. 소정근로시간 : __시__분부터 __시__분까지 (휴게시간 : 시 분~ 시 분)
5. 근무일/휴일 : 매주 __일(또는 매일단위)근무, 주휴일 매주 __요일
6. 임 금
   - 월(일, 시간)급 : ______________원
   - 상여금 : 있음 ( ) ______________원, 없음 ( )
   - 기타급여(제수당 등) : 있음 ( ), 없음 ( )
     · ______________원, ______________원
     · ______________원, ______________원
   - 임금지급일 : 매월(매주 또는 매일) ____일(휴일의 경우는 전일 지급)
   - 지급방법 : 근로자에게 직접지급( ), 근로자 명의 예금통장에 입금( )
7. 연차유급휴가
   - 연차유급휴가는 근로기준법에서 정하는 바에 따라 부여함
8. 가족관계증명서 및 동의서
   - 가족관계기록사항에 관한 증명서 제출 여부: ________
   - 친권자 또는 후견인의 동의서 구비 여부 : ________
9. 사회보험 적용여부(해당란에 체크)
   □ 고용보험 □ 산재보험 □ 국민연금 □ 건강보험
10. 근로계약서 교부
    - 사업주는 근로계약을 체결함과 동시에 본 계약서를 사본하여 근로자의 교부요구와 관계없이 근로자에게 교부함(근로기준법 제17조, 제67조 이행)
11. 기타
    - 13세 이상 15세 미만인 자에 대해서는 고용노동부장관으로부터 취직인허증을 교부받아야 하며, 이 계약에 정함이 없는 사항은 근로기준법령에 의함

년 월 일

(사업주) 사업체명 : (전화 :)
주 소 :
대 표 자 : (서명)

(근로자) 주 소 :
연 락 처 :
성 명 : (서명)

친권자(후견인) 동의서

○ 친권자(후견인) 인적사항

성　　명 :

생년월일 :

주　　소 :

연 락 처 :

연소근로자와의 관계 :

○ 연소근로자 인적사항

성　　명 :　　　　　　　　　　　　(만　　세)

생년월일 :

주　　소 :

연 락 처 :

○ 사업장 개요

회 사 명 :

회사주소 :

대 표 자 :

회사전화 :

본인은 위 연소근로자 ＿＿＿＿＿가 위 사업장에서 근로를 하는 것에 대하여 동의합니다.

년　　월　　일

친권자(후견인)　　　　　　　(인)

첨 부 : 가족관계증명서 1부

건설일용근로자 표준근로계약서

____________(이하 "사업주"라 함)과(와) __________(이하 "근로자"라 함)은 다음과 같이 근로계약을 체결한다.

1. 근로계약기간 : 년 월 일부터 년 월 일까지

※ 근로계약기간을 정하지 않는 경우에는 "근로개시일" 만 기재

2. 근 무 장 소 :

3. 업무의 내용(직종) :

4. 소정근로시간 : __시__분부터 __시__분까지 (휴게시간 : 시 분~ 시 분)

5. 근무일/휴일 : 매주 _일(또는 매일단위)근무, 주휴일 매주 _요일(해당자에 한함)

※ 주휴일은 1주간 소정근로일을 모두 근로한 경우에 주당 1일을 유급으로 부여

6. 임 금

- 월(일, 시간)급 : ________________원(해당사항에 ○표)
- 상여금 : 있음 ( ) ______________________원, 없음 ( )
- 기타 제수당(시간외·야간·휴일근로수당 등): 원(내역별 기재)
  - · 시간외 근로수당:_____________원(월 시간분)
  - · 야 간 근로수당:_____________원(월 시간분)
  - · 휴 일 근로수당:_____________원(월 시간분)
- 임금지급일 : 매월(매주 또는 매일) ____일(휴일의 경우는 전일 지급)
- 지급방법 : 근로자에게 직접지급( ), 근로자 명의 예금통장에 입금( )

7. 연차유급휴가

- 연차유급휴가는 근로기준법에서 정하는 바에 따라 부여함

8. 사회보험 적용여부(해당란에 체크)

□ 고용보험 □ 산재보험 □ 국민연금 □ 건강보험

9. 근로계약서 교부

- "사업주"는 근로계약을 체결함과 동시에 본 계약서를 사본하여 "근로자"의 교부요구와 관계없이 "근로자"에게 교부함(근로기준법 제17조 이행)

10. 기 타

- 이 계약에 정함이 없는 사항은 근로기준법령에 의함

년 월 일

(사업주) 사업체명 : (전화 :)
주 소 :
대 표 자 : (서명)

(근로자) 주 소 :
연 락 처 :
성 명 : (서명)

단시간근로자 표준근로계약서

＿＿＿＿＿＿(이하 "사업주"라 함)과(와) ＿＿＿＿＿(이하 "근로자"라 함)은 다음과 같이 근로계약을 체결한다.

1. 근로계약기간 : 년 월 일부터 년 월 일까지
   ※ 근로계약기간을 정하지 않는 경우에는 "근로개시일" 만 기재
2. 근 무 장 소 :
3. 업무의 내용 :
4. 근로일 및 근로일별 근로시간

	( )요일	( )요일	( )요일	( )요일	( )요일	( )요일
근로시간	0시간	0시간	0시간	0시간	0시간	0시간
시업	00시 00분	00시 00분	00시 00분	00시 00분	00시 00분	00시 00분
종업	00시 00분	00시 00분	00시 00분	00시 00분	00시 00분	00시 00분
휴게 시간	00시 00분 ~ 00시 00분	00시 00분 ~ 00시 00분	00시 00분 ~ 00시 00분	00시 00분 ~ 00시 00분	00시 00분 ~ 00시 00분	00시 00분 ~ 00시 00분

o 주휴일 : 매주 __요일

5. 임 금
   - 시간(일, 월)급 : ＿＿＿＿＿＿＿＿원(해당사항에 ○표)
   - 상여금 : 있음 ( ) ＿＿＿＿＿＿＿＿＿＿＿원, 없음 ( )
   - 기타급여(제수당 등) : 있음 : ＿＿＿＿＿원(내역별 기재), 없음 ( )
   - 초과근로에 대한 가산임금률:＿＿＿＿ %
     ※ 단시간근로자와 사용자 사이에 근로하기로 정한 시간을 초과하여 근로하면 법정 근로시간 내라도 통상임금의 100분의 50%이상의 가산임금 지급('14.9.19. 시행)
   - 임금지급일 : 매월(매주 또는 매일) ＿＿일(휴일의 경우는 전일 지급)
   - 지급방법 : 근로자에게 직접지급( ), 근로자 명의 예금통장에 입금( )
6. 연차유급휴가: 통상근로자의 근로시간에 비례하여 연차유급휴가 부여
7. 사회보험 적용여부(해당란에 체크)
   □ 고용보험 □ 산재보험 □ 국민연금 □ 건강보험
8. 근로계약서 교부
   - "사업주"는 근로계약을 체결함과 동시에 본 계약서를 사본하여 "근로자"의 교부요구와 관계없이 "근로자"에게 교부함(근로기준법 제17조 이행)
9. 기 타
   - 이 계약에 정함이 없는 사항은 근로기준법령에 의함

년 월 일

(사업주) 사업체명 : (전화 :)
주 소 :
대 표 자 : (서명)

(근로자) 주 소 :
연 락 처 :
성 명 : (서명)

◁◁ 단시간근로자의 경우 "근로일 및 근로일별 근로시간"을 반드시 기재하여야 합니다. 다양한 사례가 있을 수 있어, 몇 가지 유형을 예시하오니 참고하시기 바랍니다. ▷▷

○ **(예시①)** 주5일, 일 6시간(근로일별 근로시간 같음)
- 근로일 : 주 5일, 근로시간 : 매일 6시간
- 시업 시각 : 09시 00분, 종업 시각: 16시 00분
- 휴게 시간 : 12시 00분부터 13시 00분까지
- 주휴일 : 일요일

○ **(예시②)** 주 2일, 일 4시간(근로일별 근로시간 같음)
- 근로일 : 주 2일(토, 일요일), 근로시간 : 매일 4시간
- 시업 시각 : 20시 00분, 종업 시각: 24시 00분
- 휴게 시간 : 별도 없음
- 주휴일 : 해당 없음

○ **(예시③)** 주 5일, 근로일별 근로시간이 다름

	월요일	화요일	수요일	목요일	금요일
근로시간	6시간	3시간	6시간	3시간	6시간
시업	09시 00분	09시 00분	09시 00분	09시 00분	09시 00분
종업	16시 00분	12시 00분	16시 00분	12시 00분	16시 00분
휴게 시간	12시 00분 ~ 13시 00분	–	12시 00분 ~ 13시 00분	–	12시 00분 ~ 13시 00분

- 주휴일 : 일요일

○ **(예시④)** 주 3일, 근로일별 근로시간이 다름

	월요일	화요일	수요일	목요일	금요일
근로시간	4시간	–	6시간	–	5시간
시업	14시 00분	–	10시 00분	–	14시 00분
종업	18시 00분	–	17시 00분	–	20시 00분
휴게 시간	–	–	13시 00분 ~ 14시 00분	–	18시 00분 ~ 19시 00분

- 주휴일 : 일요일

※ 기간제 · 단시간근로자 주요 근로조건 서면 명시 의무 위반 적발 시 과태료(인당 500만원 이하) 즉시 부과에 유의('14.8.1.부터)

■ 외국인근로자의 고용 등에 관한 법률 시행규칙 [별지 제6호서식]

표준근로계약서
Standard Labor Contract

(앞쪽)

아래 당사자는 다음과 같이 근로계약을 체결하고 이를 성실히 이행할 것을 약정한다.
The following parties to the contract agree to fully comply with the terms of the contract stated hereinafter :

사용자 Employer	업체명 Name of the enterprise	전화번호 Phone number
	소재지 Location of the enterprise	
	성명 Name of the employer	사업자등록번호 (주민등록번호) Identification number
취업자 Worker	성명 Name of the worker	생년월일 Birthdate
	본국주소 Address(Home Country)	

1. 근로계약기간	신규(또는 재)입국자: ( ) 개월, 사업장변경자: 년 월 일 ~ 년 월 일 - 수습기간: [ ]활용(입국일부터 [ ]1개월 [ ]2개월 [ ]3개월) [ ]미활용 ※ 신규(또는 재)입국자의 근로계약기간은 입국일부터 기산함 (단, 법 제18조의4에 따라 3개월 출국 후 재입국한 경우는 입국하여 근로를 시작한 날부터 근로계약의 효력이 발생)
1. Term of Labor contract	New/Re-entering worker: ( ) month(s) Worker who changed workplace: from (YY/MM/DD) to (YY/MM/DD) - Probation period: [ ] Included (for [ ] 1 month [ ] 2 months [ ] 3 months from entry date), [ ] Not included. * For new and re-entering workers, the labor contract will enter into effect from the entry date (but, the contract of workers who re-enter three months after departing from Korea in accordance with Article 18-4 will take effect from the first day of work).
2. 취업 장소	
2. Place of employment	
3. 업무내용	- 업종: - 사업내용: - 직무내용:
3. Description of work	- Industry: - Business description: - Job description:

4. 근무시간	〈제조업, 건설업, 서비스업〉 시 분 ~ 시 분 - 1일 평균 시간외 근로시간: 시간(사업장 사정에 따라 변동 가능) - 교대제 ([ ]2조2교대, [ ]3조3교대, [ ]4조3교대, [ ]기타) 〈농업, 축산업, 어업〉 - 월 ( )시간	※ 가사사용인, 개인간병인의 경우에는 기재를 생략할 수 있음. ※ An employer of workers in domestic help, nursing can omit the working hours.
4. Working hours	〈Manufacturing, construction and service sectors〉 from ( ) to ( ) - average daily over time: hours (changeable depending on the condition of a company) - shift system ([ ]2groups 2shifts, [ ]3groups 3shifts, [ ]4groups 3shifts, [ ]etc.) 〈Agriculture & livestock and fishery sectors〉 - ( ) hours per month	※「근로기준법」 제63조에 따른 농림, 축산, 양잠, 수산 사업의 경우 같은 법에 따른 근로시간, 휴게, 휴일에 관한 규정은 적용받지 않음. ※ In pursuant to the Article 63 of the Labor Standards Act, working hours, recess hours, off-days are not applied to agriculture, forestry, livestock breeding, silk-raising farming and marine product businesses.

210mm×297mm[백상지 80g/㎡(재활용품)]

(뒤쪽)

5. 휴게시간	1일 분	※ In pursuant to the Article 63 of the Labor Standards Act, working hours, recess hours, off-days are not applied to agriculture forestry, livestock breeding, silk-raising farming and marine product businesses.
5. Recess hours	( )minutes per day	
6. 휴일	[ ]일요일 [ ]공휴일 [ ]매주 토요일 [ ]격주 토요일 [ ]기타( )	
6. Holidays	[ ]Sunday [ ]legal holiday [ ]every Saturday [ ]every other Saturday [ ]etc.( )	
7. 임금	1) 월 통상임금 ( )원 - 기본급[월(시간, 일, 주)급] ( )원 - 고정적 수당: (수당: 원), (수당: 원) ※ 수습기간 중 임금 ( )원 2) 연장, 야간, 휴일근로에 대해서는 수당 지급	
7. Payment	1) Monthly Normal wages - Monthly (hourly, daily, or weekly) wage ( )won - Fixed Allowances: ( )allowances: ( )won, ( )allowances: ( )won ※ Probation period - Monthly wage ( )won 2) Additional pay rate applied to overtime, night shift or holiday work.	
8. 임금지급일	매월/매주 ( )일/요일. 다만, 임금 지급일이 공휴일인 경우에는 전날에 지급한다.	
8. Payment date	( ) of every month/every week. If the payment date falls on a holiday, payment will be made on the day before the holiday.	
9. 지급방법	임금 및 수당은 "을"에게 직접 지불하거나 "을"의 명의로 된 예금통장에 입금한다. "갑"은 을의 명의로 된 예금통장, 도장을 관리해서는 안 된다.	
9. Payment methods	Wages and benefits will be paid to the worker or deposited to the bank account of the worker. The employer will not retain the bank book and the seal of the worker.	
10. 숙식제공	1) 숙박시설 - 숙박시설 제공 여부: [ ]제공 [ ]미제공 - 숙박비용 근로자 부담 여부: [ ]부담 [ ]미부담 2) 식사 제공 - 식사 제공 여부: 제공([ ]조식, [ ]중식, [ ]석식) [ ]미제공 - 식사비용 근로자 부담 여부: [ ]부담 [ ]미부담 ※ 숙식 제공의 범위와 근로자 부담 비용의 수준은 입국 후 사업주와 근로자 간 협의에 따라 별도로 결정	
10. Room and Board	1) Room - Provided by the employer: [ ]Yes, [ ]No - Cost will be shared by the worker: [ ]Yes, [ ]No 2) Board - Provided by the employer: Yes([ ]breakfast, [ ]lunch, [ ]dinner), [ ]No - Cost will be shared by the worker: [ ]Yes, [ ]No ※ The scope of the room and board and the amount of the cost to be borne by the worker will be decided by mutual consultation between the employer and the worker after worker's arrival.	

11. 이 계약에서 정하지 않은 사항은 「근로기준법」에서 정하는 바에 따른다.
※ 가사서비스업 및 개인간병인에 종사하는 외국인근로자의 경우 근로시간, 휴일·휴가, 그 밖에 모든 근로조건에 대해 사용자와 자유롭게 계약을 체결하는 것이 가능합니다.

11. Other matters not regulated in this contract will follow provisions of the Labor Standard Act.
※ The terms and conditions of the labor contract for workers in domestic help and nursing can be freely decided through the agreement between an employer and a worker.

년 월 일
(YY/MM/DD)

사용자: (서명 또는 인)
Employer: (signature)

취업자: (서명 또는 인)
Worker: (signature)

모의재판 시나리오 [1]

1. 모두절차

* 재판장 입정 및 개정선언

[법원경위] 곧 재판이 시작됩니다. 법정 내에 계신 분들은 휴대전화를 꺼 주시고, 재판 중에는 조용히 해 주시기 바랍니다.

[법원경위] 모두 자리에서 일어나 주십시오.

[법원경위] 모두 자리에 앉아 주십시오.

[재판장] 지금부터 ○○○사건의 재판을 시작하겠습니다.

* 소송당사자 등 출석 확인

[재판장] 피고인과 변호인은 모두 앞으로 나와 주십시오.

[재판장] 검사는 어느 분이 나오셨습니까?

[검 사] 검사 이정의 출석했습니다.

[재판장] 변호인 어느 분 출석하셨습니까?

[변호인] 변호인 박의무 출석했습니다.

* 진술거부권 고지

[재판장] 피고인은 본인이 원하지 않으면 진술을 하지 않을 수 있고, 개개의 질문에 대하여 진술을 거부할 수 있으며, 피고인에게 유리한 사실에 대하여 말할 수 있습니다. 또한 피고인이 하는 진술은 유죄의 증거로 사용될 수 있습니다.

* 인정신문

[재판장] 먼저 피고인에 대한 인정신문을 하겠습니다. 성명, 생년월일, 주소를 말씀하세요.

[피고인] 이름은 ○○○입니다. 1900년 0월 00일, 대구 ○구 ○○등 ○○원룸 103호입니다.

[재판장] 직업은 어떻게 됩니까?

[피고인] 배달 종업원입니다.

* 기소요지 및 의견진술

[재판장] 검사는 기소요지를 진술해주십시오.

[검　사] 네, 카드빚으로 생활고를 겪고 있던 피고인은 2015년 10월 27일 밤 11시 30분 경 ○시 ○구 ○○동의 대학로에서 배달 일을 모두 마친 후에 피고인 소유의 오토바이를 타고 다니던 중 비밀번호가 지정되지 않은 건물을 우연히 발견하여, 피해자 ○○○씨(여, 22세)가 혼자 4층 옥탑방에 들어가는 것을 보고 피해자의 집안으로 침입하였습니다. 이어 피고인은 피해자가 피고인을 보고 저항하자 피해자를 완력으로 억압하는 과정에서 상해를 입혔고, 금품을 갈취하려했으며, 피해자를 강간하려다가 실패한 뒤 도주하였습니다. 이러한 혐의로 성폭력범죄의 처벌 등에 관한 특례법 제3조 제2항, 형법 제342조, 제334조 제1항, 제337조, 제339조에 해당되어 기소하는 바입니다.

[재판장] 변호인, 공소사실에 대한 의견을 진술해주십시오.

[변호인] 예. 피고인은 수사 단계에서 피해자를 강제추행하고 그 과정에서 상해를 가한 사실은 인정하지만 강간에 대한 의사는 부인하였습니다. 그 외에는 피해자의 진술과 대부분 일치하고 특수강도상해에 관한 사실은 인정하고 있습니다.

[재판장] 피고인, 변호인의 진술과 강간미수를 제외한 공소사실에 대해서는 인정하는 겁니까?

[피고인] 인정합니다.

2. 증거조사절차

*증거신청 및 증거에 대한 의견, 채부결정

[재판장] 검사는 증거를 신청해 주십시오.

[검 사] 네.(증거목록과 증거를 재판사무관에게 제출하고 재판사무관은 증거를 재판장과 변호인 측에 전달한다.)

[재판장] 변호인 측, 신청한 증거들은 사전에 검토해 보셨을 것입니다. 증거에 관한 의견을 진술하세요.

[변호인] 피고인이 공소사실과 같이 피해자의 집에 무단으로 침입해 상해를 입히고 금품을 갈취하는 것을 실패한 건에 대한 증거에 대해서는 모두 동의합니다. 다만 강간에 관한 피고인의 진술서에 대한 부분은 다시 증거조사를 부탁드립니다. 또한 피고인 측에서도 양형에 관한 유리한 증거로 탄원서와 피고인의 사과문을 신청하겠습니다.

(증거 탄원서, 사과문을 제출한다. 실무관은 재판장과 검사에게 전달한다.)

[재판장] 알겠습니다. 검사는 변호인이 새로 신청한 증거에 동의하십니까?

[검 사] 동의합니다.

[재판장] 좋습니다. 검사와 변호인은 상대방의 증거신청에 대해 추가 의견이 있으신가요?

[검 사] 특별한 의견 없습니다.

[변호인] 특별한 의견 없습니다.

[재판장] 그렇다면 변호인이 동의한 증거목록상의 증거를 모두 채택하겠습니다. 변호인 박진우가 신청한 탄원서, 사과문도 증거로 채택하겠습니다. 혹시 양측에서 더 하실 말씀 있으십니까?

[검 사] 이의 없습니다.

[변호인] 없습니다.

* 증거조사(서증조사)

[재판장] 양쪽의 의견에 따라 채택한 증거서류에 대한 증거조사를 하겠습니다. 피고인이 특수강도상해에 관하여는 자백을 하고 있기 때문에 양형에 관한 사항과 강간의사가 없었다고 주장하는 진술에 대해 필요에 따라 증거조사를 하겠습니다. 증거조사는 열람에 의한 방법으로 하겠습니다.

먼저 검사 측부터 필요한 증거를 제시하고 요지를 말씀해주십시오.

[검 사] (피해자의 진술조서를 실물 화상기에 올린다. 재판사무관이 도와준다.) 진술조서 3쪽입니다. 집에 들어온 피해자 뒤로 피고인이 갑자기 문을 열고 들어와, 피해자가 놀라서 일어나자 피해자의 입을 눌러 막아, 몸부림을 치며 반항하는 피해자를 끌고 방구석에 넘어뜨리고 머리채를 잡고 벽에 얼굴을 쳐 눈과 코에 멍이 들었고 입술이 찢어졌다고 진술한 부분입니다.

(검사는 한 페이지를 넘긴다.)

진술조서 4쪽입니다. 피고인이 인정하고 있는 않는 강간미수에 관한 부분입니다. 피고인은 피해자에게 상의 옷을 벗으라고 갈한 후 억압을 한 채로 피해자의 가방과 지갑을 뒤졌지만 강취할 만한 금품이 없자, 피해자의 신고를 막기 위해 휴대전화를 주머니에 넣었고 피해자의 몸을 만지며 추행하던 중 휴대전화가 울리자 놀란 피해자는 그대로 1층으로 내려와 휴대전화를 놔두고 도주하였습니다.

(진단서와 해바라기 센터의 조사보고서를 실물 화상기에 올린다.) 진단서와 대구 해바라기 센터의 조사보고서입니다. 이 사건으로 인해 우울증, 불안장애, 강박증 등을 앓고 있다는 진단서와 이를 확인한 조사보고서입니다.

[재판장] 변호인, 증거조사에 관한 의견 있습니까?

[변호인] (피의자신문조서를 실물 화상기에 올린다.) 먼저 피의자신문조서 3쪽입니다. 피고인이 수사기관에서 4층 옥탑방에 대한 당시 상황을

진술한 부분입니다. 피고인은 200만원 상당의 카드빚을 지고 있었습니다. 사건이 일어난 날에도 출근하면서 본 은행의 재촉장과 오후에 걸려온 이자를 갚으라는 재촉전화를 받고 상당한 스트레스 상황에 놓여있었던 것으로 보입니다. 하루 종일 빚에 대한 생각으로 평소에는 잘 하지 않던 실수를 반복했으며 퇴근 후에 집으로 돌아가던 길에 혼자 들어가는 피해자를 보고 우발적으로 따라 들어가서 행한 일이라는 취지의 진술입니다.

(탄원서를 실물 화상기에 올린다.) 다음은 피고인이 근무하는 식당의 주인과 직원들이 작성한 탄원서입니다. 평소 피고인은 일을 한지 1년이나 다 되어 가는데 지각이나 무단으로 결근한 일은 한 번도 없었으며 성실하고 착실하게 일하는 청년으로 카드빚이 있었다면 빌려줄 수 있는 정도의 사이인데도 스스로 해결하려는 모습을 보였다고 합니다. 지나친 재촉 등에 의한 스트레스 상황에서 우발적으로 일어난 범죄라고 직원들도 모두 생각하고 있으며 피고인의 인성과 행실 등을 언급하며 선처를 바라고 있습니다.

(피해자 해바라기센터 조사보고서를 실물 화상기에 올린다.) 해바라기 보고센터에서 조사한 보고서를 보면 피해자는 얼굴에 있는 상처는 전치 3주에 해당하고 정신적인 부분에 관한 진단만 나와 있는 것으로 보아 강간이라고 할 정도의 폭행이나 상황은 없었던 것으로 보입니다.

(사과문을 실물 화상기에 올린다.) 그리고 이것은 피고인이 검거된 후 수감 중에 자발적으로 쓴 사과문입니다. 총 5장으로 진심으로 반성하는 태도와 피해자에 대한 사죄의 말들과 치료에 대한 모든 비용, 필요한 배상금까지 모두 지불한 의사가 있다는 취지의 내용이 기재되어 있습니다. 피해자에게도 전달을 했습니다.

[재판장] 이상으로 지금까지 제출된 서증에 대한 증거조사를 마치겠습니다. 증거조사 결과에 대하여 의견 있습니까?

[검 사] 없습니다.

[변호인] 없습니다.

[재판장] 검사와 변호인 더 신청할 증거가 있습니까?

[검　사] 양형을 정하는데 중요한 강간미수에 대한 사항을 피고인 측에서는 단순 상해와 폭행으로 주장하고 있는 것으로 보입니다. 당시 상황과 피고인과 피해자의 진술에 대한 정확한 취지 파악을 하기 위해 피해자를 증인으로 신청합니다. 현재 피해자가 법원에 출석하여 범죄피해자 지원실에서 대기하고 있습니다.

[변호인] 변호인 측에서도 궁금한 점이 있습니다. 증인으로는 신청하지 않고 반대신문 기회를 활용하겠습니다.

[재판장] 채택하겠습니다. 다만, 강간미수 혐의와 양형에 관련하여 필요한 범위 내에서 신문을 하시기 바랍니다. 검찰 측, 피해자가 정신장애를 앓고 있다고 했는데 진술이 가능합니까?

[검　사] 네, 피해자가 정신적 피해가 커서 치료받는 중이기 때문에, 형사소송법 제165조의2 제3호에 의하여 차폐시설의 설치를 청구합니다.

[재판장] 변호인도 차폐시설의 설치를 동의하십니까?

[변호인] 증인신문에 문제가 없다면 동의합니다.

[재판장] 알겠습니다.

(실무관이 피고인에게 피해자(증인)을 볼 수 없게 차폐시설을 설치한다.)

[재판장] 증인을 데려오십시오.

(법원경위, 범죄피해자 지원실에서 증인을 데리고 온다.)

* 증거조사(증인신문)

[재판장] 증인은 신분증을 제출해 주십시오.

(실무관은 증인으로부터 신분증을 받아 재판장에게 전달한다.)

[재판장] (신분증과 증인의 얼굴을 대조하며) 증인의 이름, 생년월일, 주소를 말씀해 주십시오.

[피해자] 네, 이름은 ○○○입니다. 00년 0월 00일생, ○○시 ○구 ○○동 ○○상가 ○○○번지에 살고 있습니다.

(재판장은 실무관을 통하여 증인에게 신분증을 돌려준다.)

[재판장] (증인을 바라보며) 증인의 증언으로 증인 본인이나 증인과 친인척 관계에 있는 사람이 형사처벌을 받을 염려가 있는 경우나 증인이 업무상 알게 된 다른 사람의 비밀에 관해서는 증언을 거부할 수 있습니다. 증인이 선서를 한 후 개별적인 신문사항에 대해서도 같은 이유로 증언을 거부할 수 있습니다. 증인 최인정 씨, 혹시 피고인들 중에 증인과 친인척 관계에 있는 사람이 있습니까?

[피해자] 없습니다.

[재판장] 네, 좋습니다. 증인은 증인이 경험한 바를 사실 그대로 말하겠다는 선서를 하여 주시기 바랍니다. 만일 증인이 선서 후 경험하지 않은 사실을 경험한 것처럼 증언하거나 기억이 불분명한데도 기억이 명확한 것처럼 진술하는 등 거짓말을 하면 위증죄로 처벌받을 수 있습니다.

(실무관은 증인 곁으로 가서 선서서 등을 챙기고 오른손을 들게 하여 등 도움을 준다.)

[피해자] (자리에 서서 오른손을 들고 왼손에 선서문을 들고 말한다.) 선서, 양심에 따라 숨김과 보탬이 없이 사실 그대로 말하고 만일 거짓말이 있으면 위증의 벌을 받기로 맹세합니다.

[재판장] 증인 자리에 앉으십시오. 기억나는 대로만 말씀하시면 됩니다. (검사 쪽으로 고개를 돌려) 검찰 측부터 신문하시지요.

[검 사] 네, 신문을 시작하겠습니다. ○○○ 씨, 지금부터 증인이라고 부르겠습니다. 잘 듣고 대답해주시기 바랍니다.

[피해자] 네.

[검 사] 증인은 피고인과 안면이 있는 사이입니까?

[피해자] 아니요. 한 번도 본적이 없는 것 같습니다.

[검 사] 그렇군요. 그러면 사건 당일에 대한 질문을 해보겠습니다. 기억나는 그대로만 대답해주시면 됩니다.

[피해자] 네...

[검 사] 피고인이 강간을 하려고 했다는 진술을 하셨는데 그런 피해를

입은 사실이 있으신가요?

[피해자] 네. 저는 심한 수치심을 느꼈습니다.

[검 사] 괜찮다면 어떤 상황이었는지 설명해 주실 수 있을까요?

[피해자] (한숨쉬며) 제가 일을 마치고 집에 들어가자마자 몇 초도 안 되서 들어왔던 것 같아요. 들어오자마자 거칠게 머리채를 잡고 벽에 얼굴을 계속 박아서 정신이 약간 없었던 것도 같고 저는 공포에 질려있었어요. 제가 쉽게 도망가지 못하게 하려고 했는지 옷을 벗으라고 소리를 지르고 제가 무서워서 벗고 나니까 제 가방 같은 거 뒤지고 나서 돈은 없냐고 막 물어봤어요. 그런데 저는 진짜 정신도 없고 뭐라고 대답도 할 수 없었어요. 답답해보였는지 와서 막 몸을 만지고 때리고 그랬어요.

[검 사] 그 후에 피고인이 도망가는 과정은 어땠습니까?

[피해자] 너무 무서우니까 소리도 안 질러졌어요. 막 발로 차보기도 하고 밀치고 거부했는데 위에 입고 있었던 속옷도 벗기려고 하고 몸을 만지고 있는 중에 제 폰을 주머니에 넣었는지도 몰랐는데 벨소리가 울리더라고요. 그러더니 멈추고 막 뛰어 내려갔어요. 그래서 문을 바로 잠그고 떨고 있었어요.

[검 사] 당시 피고인이 강제로 강간을 하려는 상황이 있었습니까?

[피해자] 네! 방금 말씀드렸잖아요. 속옷을 억지로 벗기려고 했고 손목을 꽉 잡고 도망가지 못하게 했어요. 돈을 못 찾았으면 그냥 나가면 되는데 왜 저를 추행하고 제 벨소리가 울리고 나서야 도망을 간 걸까요? 강간을 할 의도가 없었다는 말을 저는 이해할 수 없습니다.

[검 사] 그 후로 피고인과 마주치거나 간접적으로 접촉한 적이 있습니까?

[피해자] 저는 그 일이 일어나고 바로 친구 집에서 며칠 지내다가 방을 빼고 다른 동네로 이사를 가서 마주칠 일이 없었어요. 전에 경찰서에서 진술하고 나서 저쪽 변호사 분이랑 얘기하면서 사과문 준 것은 받았어요.

[검 사] 그랬군요. 사과문을 보고나서 어떤 생각이 들었습니까?

[피해자] 읽어보고 싶지도 않았지만...그걸 처음 읽었을 때는 이게 진심인

가라는 생각을 먼저 했어요. 그런데 읽다 보니까 진짜 미안해하고 있구나...라는 생각도 들고 뉘우치고 있다는 느낌도 들었어요.

[검 사] 그렇다면 증인은 사과문으로 인해 피고인의 형을 줄여도 된다고 생각합니까?

[피해자] 사과문에 적혀있던 게 사실이라고 해도, 저지른 죄만큼은 벌을 받으면 좋겠다고 생각해요.

[검 사] 그렇군요. 증인은 당시 일이 일어난 후에 어떤 상태로 지내고 있나요?

[피해자] 진짜 그 후로 졸업하고 취직한지 얼마 되지도 않았는데 휴직을 해서 눈치 보이는 상황이고요. 그것보다는 그냥 갑자기 제가 혐오스럽고 생각 안하려고 해도 계속 그 때 일이 떠오르고 문은 잠갔는지 집 안에 있는데도 몇 번을 확인하고 가방도 지퍼가 없는 것은 사용도 못해요. 한 없이 우울해질 때도 많고, 부끄러워서 친구들한테 말도 못하고 만나고 싶지도 않고 힘듭니다.

[검 사] 네, 알겠습니다. 이상입니다.

[재판장] 변호인은 반대신문을 하시겠습니까?

[변호인] 네.

[재판장] 변호인, 반대신문 하십시오.

[변호인] 알겠습니다. (증인을 바라보며)제가 몇 가지 질문을 하겠습니다. 증인은 잘 듣고 답을 해주시기 바랍니다.

[피해자] 네.

[변호인] 증인은 사건 당일에 집에 들어간 후에 왜 문을 바로 잠그지 않았습니까?

[피해자] 집에 가방을 놔두고 바로 밖에 널어둔 빨래를 걷으려고 해서 안 잠갔어요.

[변호인] 증인은 그 날 늦은 시간에 귀가를 했는데 일을 마치고 들어간 건가요?

[피해자] 네, 그날은 손님이 더 와서 늦게 마쳤어요.

[변호인] 늦은 밤인데 잠깐의 시간이지만 위험하다고 생각한 적은 없습니

까?

[피해자] 있기는 하지만, 금방 나올 거라고 생각해서 그 때는 그렇게 생각이 들지 않았어요.

[변호인] 증인은 전에도 문단속을 하지 않아서 도둑이 든 적이 있다고 들었습니다.

[검　사] 이의 있습니다.

[변호인] 특수절도로 인한 양형에 대한 것을 위해 질문하는 것입니다.

[재판장] 인정합니다. 계속 하세요.

[변호인] 도둑이 든 것이 맞습니까?

[피해자] 네. 일을 시작하고 두 달 정도 지났을 때쯤 든 적이 있어요..

[변호인] 그 일 후에 3개월 정도 밖에 지나지 않았는데 문단속이 부족했다고는 생각하지 않으신가요?

[피해자] 그 때는 깜빡해서 그랬던 거지만, 이번에는 제가 바로 나가려고 했기 때문에 그렇게 생각하지 않아요.

[변호인] 이번 사건이 일어난 후 문단속에 대해 어떤 생각이 드셨나요?

[피해자] 뭐, 조금 더 신경 써야겠다고 생각했습니다.

[변호인] 네. 이번에는 이것을 보여드리겠습니다. (해바라기 센터 조사보고서를 제시한다.) 조사보고서 2쪽을 제시하겠습니다. 증인은 얼굴에 입은 상해와 폭행에 대한 것과 심리치료만 진단되어있고 강간이라고 보일 수 있는 상흔은 보이지 않았다고 합니다. 증인이 압박감에 시달려서 더 강한 충격으로 느낀 것으로는 볼 수 없겠습니까?

[피해자] 하아, 그 때는 너무 무서웠기 때문에 확실하게 기억이 나지 않아서 잘 모르겠네요.

[변호인] 네, 알겠습니다. 증인은 수사기관에서 피고인이 강한 처벌을 받으면 좋겠다는 의사를 보였는데, 오늘 법정에서의 모습을 볼 때 피고인에 대한 처벌은 죄를 지은 만큼만 받으면 좋겠다고 하셨죠?

[피해자] 그랬죠.

[변호인] 심경의 변화가 있었던 게 사과문 때문이 맞습니까?

[피해자] 그런 것도 있고, 그 때보다 차분해졌을 뿐이에요.

[변호인] 그렇다면 그 때는 흥분 상태로 진술을 하셨다는 건가요?

[피해자] 흥분한 상태가 당연하죠.

[변호인] 그러면 상황을 좀 더 과장해서 말했을 가능성이 있다는 것 입니까?

[피해자] 처음 경찰서를 왔을 때는 그랬을 수도 있지만 지원센터에 갔을 때는 진정한 상태에서 진술했어요.

[변호인] 알겠습니다. 이상입니다.

[재판장] 네, 잘 들었습니다. (검사와 변호인들을 쳐다보며) 검사와 변호사는 증인에게 추가로 신문할 부분이 있습니까?

[검사 변호사] 없습니다.

[재판장] 그럼 이것으로 증인신문을 마치겠습니다. 증인은 마지막으로 재판부에 하고 싶은 말이 있으신가요?

[피해자] 저는 전문대를 졸업하고 겨우 취직해서 일을 다니고 있었습니다. 이번 일로 인해서 저는 물론이고 부모님도 상처를 많이 받았어요. 안타까운 마음도 들고 하지만 죄에 걸 맞는 벌을 주시길 바랍니다.

[재판장] 네, 잘 알겠습니다. (증인을 보며) 증인 수고하셨습니다. 돌아가도 좋습니다.

[피해자] 감사합니다.

(증인은 퇴장한다.)

[재판장] 양측, 지금까지의 증인신문 결과에 관련하여 의견이 있으면 말씀해 주세요.

[검 사] 없습니다.

[변호인] 없습니다.

[재판장] 신청한 증거에 대한 조사는 모두 마치겠습니다. 검사와 변호인은 더 신청할 증거 있습니까?

[검 사] 없습니다.

[변호인] 없습니다.

3. 피고인신문

[재판장] 이상으로 증거조사를 마치고 피고인 신문을 진행하겠습니다. 피고인은 증인석으로 오세요.

변호인부터 신문하십시오.

[변호인] 네, 피고인 신문을 시작하겠습니다. 피고인 질문을 잘 듣고 사실 그대로 대답하시면 됩니다.

[피고인] 알겠습니다.

[변호인] 피고인은 이 사건에 대한 특수강도미수, 강도상해에 관한 혐의에 대한 것은 모두 인정하십니까?

[피고인] 네, 인정합니다.

[변호인] 피고인은 이번 사건의 범행을 모두 인정하고 깊이 반성하고 있지요?

[피고인] 네, 정말 반성하고 있습니다.

[변호인] 그러면 모든 혐의를 다 인정하면서도 강간은 하지 않았다고 주장하는 이유가 있습니까?

[피고인] 물론입니다. 옷을 벗으라고 한 것은 제가 바로 신고할지도 모른다는 생각에 그런 것이고 그 후에 성추행을 한 것도 사실이지만 강간을 하려는 의도는 전혀 없었습니다.

[변호인] 피해자는 전화가 울리고 나서 피고인이 바로 나갔다고 했는데 그 이유는 무엇이죠?

[피고인] 벨소리가 울려서 신경이 쓰인 것은 사실이지만 신고를 못하는 상황만 만들고 나가려고 했을 뿐입니다.

[변호인] 강간의 의사는 없었다는 것은 확실한 사실이지요?

[피고인] 그렇습니다.

[변호인] 그러면 피고인이 카드빚이 생긴 이유를 설명해주시겠습니까?

[피고인] 그날은 마가 씌었다고 해도 괜찮은 날이었을 겁니다. 저는 원래 카드를 잘 쓰지 않습니다. 그런데 어머니께서 저 카드를 몰래 가지

고 나가 돈을 인출하여 쓴 것이 문제가 돼서 갑자기 은행에서 연락이 오기 시작했습니다. 사실을 알았을 때는 이미 늦었고, 그 후에 그 카드를 없앴습니다. 그렇지만 저는 그것을 한 번에 갚을 능력도 되지 않고 그러다 보니 이자가 늘어나 독촉이 시작되었죠.

[변호인] 사건이 일어난 그 날에도 연락을 받으셨다는 거죠?

[피고인] 네, 돌려막으려다보니 두세 군데에서 독촉장이 옵니다. 출근하는 오전 10시부터 우편함에 꽂혀있더라고요. 제가 그래도 이자는 갚고 있거든요. 그런데 일하는 도중에도 계속 전화가 와서 무음으로 해둘 정도였습니다. 그런 거 때문인지 그날따라 자꾸 실수도 하고 반찬도 빼먹고 다시 배달하고 꽤 힘든 날이었다고 생각합니다.

[변호인] 그렇다면 피고인이 퇴근할 때 피고인 소유의 오토바이를 타고 집으로 가는 중이었는데 왜 갑자기 돈을 훔치려고 했습니까?

[피고인] .....그게 퇴근하는 길에 어머니께 전화가 왔습니다. 돈을 또 달라고 하셨어요. 어머니가 대부업체에서도 대출을 받으셨는지 무서운 목소리의 분도 저녁에 전화가 왔습니다. 벗어나고 싶었어요. 그냥... 그랬는데 그 일이 일어난 후에 잠도 제대로 잔 적이 없습니다. 그 분에게 너무 죄송할 따름입니다..

[변호인] 피고인은 경제적으로 어려운 상황에서도 피해자에게 치료비나 정신적 보상을 위한 금액을 지불한다고 했죠?

[피고인] 네. 부족하겠지만 주말에도 일을 더 하면서 빚과는 상관없이 지불하려고 계획 중입니다.

[변호인] 앞으로도 피해자가 입은 상처나 피고인이 한 범죄에 대해 반성하고 속죄하며 살아갈 생각이지요?

[피고인] 네, 그렇습니다. 평생 반성하고 사죄하는 마음으로 열심히 살려고 합니다.

[변호인] 알겠습니다. 이상입니다.

[재판장] 검사는 반대신문을 하시겠습니까?

[검　사] 네. 몇 가지만 질문하겠습니다.

[재판장] 검사는 반대신문 시작하십시오.

[검　사] 피고인은 피해자의 얼굴을 왜 벽을 향해 수차례 대렸습니까?

[피고인] 제가 입고 있는 옷이나 제 모습을 보면 누군지 알지도 모른다고 생각해서 그랬던 것 같습니다...

[검　사] 피고인은 헬멧을 쓰고 있었다고 진술했는데 얼굴을 모르면 괜찮은 거 아닙니까?

[피고인] 그 분이 저를 봤을 때 제가 헬멧을 쓰고 있다는 생각은 하지 못했습니다. 그냥 돈이 필요했고 빚을 갚고 싶다는 생각을 했습니다.

[검　사] 그렇게 얼굴만 다치게 하고 도망가지 못하게 옷을 벗으라고 한 건 심한 행동이라고 고려됩니다만, 그렇게 생각하지 않으셨나 봅니다.

[피고인] 저는 빠져나가려면 어떡해야 되지 라는 생각밖에 없었습니다. 신고를 당할 것은 얼마 안 돼서 당연하다고 여겼지만....저는 제가 그 날 한 모든 행동에 대해 잘못을 느끼고 있습니다.

[검　사] 이상입니다.

4. 최종의견

[재판장] 검사 마지막 진술과 기소를 해주십시오.

[검　사] 피고인은 피해자의 신고 후 검거되어 본 법정에서 범행을 자백했습니다. 먼저, 모친의 사생활로 인해 생활고에 시달리고 있다는 점은 안타까우나 본인의 카드를 관리하지 못한 부분은 간과하지 않을 수 없습니다.

둘째, 배달업으로 무거운 철가방을 들고 일하는 만큼 피고인은 피해자보다 체격이 크고 강한 힘을 가지고 있습니다. 늦은 시간 피해자 집에 무단으로 침입하고 피해자를 심하게 폭행하고 강하게 억압한 점과 피해자의 정신적 피해와 상처로 인해 생활에 지장을 준다는 점은 명백한 것으로 고려됩니다. 마지막으로 피해자가 증인으로 직접 나와 증언을 하고 증거물과 피고인의 진술이 일치하는 점으로 보아 공소사실이 충분히 증명되었다고 보입니다. 따라서 피고인은 징역 10년과 피고인에 대한 정보를 3년간 정보통신망을 이용하여 공개하고, 10년간 위치추적전자장치를 부착하기를 요청하는 바입니다.

[재판장] 변호인 마지막 의견을 말해주세요.

[변호인] 피고인은 이 사건에 대해 깊이 후회하고 반성하고 있으며, 사실관계에 대해 바로 시인했고 진술조서를 작성할 때도 매우 협조적이고 진실한 모습을 보였습니다.

그리고 과거에 피고인은 단 한 번도 형사처벌의 전력이 없고, 금품은 전혀 갈취하지 않았습니다. 추행의 정도 또한 피해자가 주장하는 것보다는 중하지 않았다는 점도 고려해주시기 바랍니다. 피고인은 아직 나이가 젊습니다. 교화나 개선의 가능성이 분명히 있습니다. 범행의 동기와 범행 후 정황 등을 잘 살펴주시기 바랍니다.

또한 피고인의 직장에서 상사나 직원들이 탄원서를 써 줄 정도로 인성과 품행이 좋았다는 것을 알 수 있으며, 그 내용이 성실하고 바른 행동을 한다는 것이 주를 이루는 것으로 보아 피고인에게 법이 허용하는 범위 내에서 관대한 처벌을 내려주시기 바랍니다.

[재판장] 네, 잘 들었습니다. 피고인 마지막으로 하고 싶은 말이 있습니까?

[피고인] 제가 잘못했다는 것을 알고 있습니다. 피해자 분에게 너무 죄송하고 저의 직장 분들에게도 죄송하다고 말하고 싶습니다.

[재판장] 이상으로 변론을 마치겠습니다.

5. 판결선고

[재판장] 그럼 판결을 내리겠습니다. 피고인은 이 사건 발생에 대한 동기가 여러 가지 상황으로 인한 우발적인 범행이었고, 이 사건 범행의 사실관계에 대하여 시인하여 자신의 잘못을 반성하고 있는 점, 피고인에게 별다른 형사처벌 전력이 없고 피고인이 일하는 식당 직원들이 보내준 탄원서를 통해 평소 성실한 품행 등이 인정되는 점, 추행의 정도가 중하지는 않았던 점, 강취한 금품이 없는 점, 피고인이 피해자에게 사과문을 전달하고 뉘우치고 있는 점, 피해자가 젊은 나이

로 교화·개선의 가능성이 있는 점, 그 밖에 피고인의 성행, 환경, 범행의 동기, 범행 후 정황 등 이 사건 변론에 나타난 여러 양형조건을 참작하여 징역 5년에 처합니다.

피고인에게 성폭력범죄로 처벌받은 전력이 없는 점 및 이 사건 범행의 경위, 범행 후의 정황 등 이 사건 기록에 나타난 제반 사정을 종합해서, 피고인에게 신상정보를 공개하지 않고 위치추적전자장치도 부착하지 않는 것으로 합니다.

모의재판 시나리오 [2]

* **종결형태**

[재판장] 지금부터 오늘의 재판을 시작하겠습니다. 먼저 출석을 확인하겠습니다. 원고 피해자 씨 출석하셨습니까?

[원 고] 네.

[재판장] 피고 세입자 씨 출석하셨습니까?

[피 고] 네.

[재판장] 출석을 확인했으므로 이제 변론을 시작합니다. 원고는 피고에게 무엇을 청구하는지 설명하고, 그 이유도 설명하세요.

[원 고] 저는 ○○시 ○○읍 ○○리에 있는 ○○빌에 살고 있는 거주자입니다. 1층은 주차장으로 되어 있는 5층짜리 건물인 도화빌에 2016년 1월부터 피고인 세입자가 거주하기 시작했습니다. 저는 도화빌 3층에 살고 있고, 피고인 세입자 씨는 2층에 살고 있습니다. 그런데 피고인 세입자 씨가 ○○빌에 들어온 뒤, 피고인이 연주하는 악기 소리 때문에 공부 등 일상생활 면에서 집중하기가 어려운 정도로 큰 피해가 있습니다. 그래서 피고인에게 악기 연주를 자제해줄 것을 당부하고 항의도 해보았지만, 막무가내인 피고인으로 인해 본 소송을 통해 분쟁을 해결하고자 합니다.

[재판장] 피고는 원고의 주장에 대하여 답변하세요.

[피 고] 저는 올해 1월에 ○○빌에서 거주하게 되었습니다. 저는 시각과 청각에 중복으로 장애가 있는 시청각장애인입니다. 겉으로는 멀쩡해보이지만 살아가면서 장애로 인한 어려운 점이 있습니다. 2년 전 우연히 첼로라는 악기를 알게 되어 배워오게 되었습니다. 본인이 키는 첼로 소리로 정확하게 듣지 못하고, 오직 진동으로만 이해하지만 첼로를 키면 정말 마음에 안정이 되고 삶에 여유를 줄 수 있을

만큼 첼로 연주는 저의 하루 일과에서 가장 행복한 순간입니다. 그리고 첼로는 꾸준히 해야 실력이 유지되고 발전이 있는 악기이기 때문에, 연습하지 않으면 안됩니다. 저는 이 건물로 이사오기 전에 살았던 건물에서는 2년동안 살면서도 한번도 악기소리에 대한 항의를 들은 적이 없습니다. 원고가 이렇게 소송을 제기할만큼 피해를 입었다고 주장하지만, 저는 하루에 연습하더라도 1시간 이상을 연습하지 않았고 또 밤 9시가 넘어서 첼로를 키는 등의 실례도 범하지 않았습니다. 하루에 40-50분 정도 연습하는 것은 헌법에서 보장하는 최소한의 행복을 추구할 권리라고 생각합니다.

[재판장] 원고는 3층, 피고는 2층에 거주하는데 다른 층임에도 악기 소리가 크게 들리나요?

[원 고] 네, 같은 층이 아님에도 불구하고 악기 소리가 굉장히 크게 들립니다. 같은 건물의 5층에 사는 친절한 씨는 어떤지 증인으로 신청합니다.

[재판장] 원고가 변론기일 전에 친절한 씨를 증인으로 신청하여, 증인으로 채택하였습니다. 이에 대하여 피고의 의견은 어떻습니까?

[피 고] 네, 괜찮습니다.

[재판장] 그럼 잠시 후에 증인신문을 하기로 하고, 원고, 피고는 다른 주장할 것이 있습니까?

[원 고] 재판장님, 피고의 사정은 충분히 이해하지만 어떤 경우는 정말 한 시간 넘도록 악기 소리가 들려오는 경우도 있습니다. 정말 바로 옆에서 듣고 있는 것처럼 큰 소리가 들려오기 때문에 정말 시끄럽게 생각합니다.

[피 고] 재판장님, 저도 연습을 하면서 다른 거주자들에게 피해를 주게 된 부분에 대해 죄송한 마음이 있습니다. 하지만 저도 다른 거주자들에게 가능한 피해가 최소한으로 가도록 최선의 노력을 했다고 생각합니다.

[재판장] 피고가 한 최선의 노력이라는 것이 어떤 것이 있나요?

[피 고] 악기사에서 약음기를 구입하였고, 방 안에서의 소음이 조금이라

도 퍼져나가지 않도록 하기 위해 화장실과 부엌의 문을 모두 닫고 연습했습니다. 또한 가급적이면 늦은 시간에 연습하지 않으려고 했기 때문에 가장 늦은 시간이라도 저녁 7~8시경이었습니다.

[원 고] 재판장님, 저 역시 피고가 악기를 하는 것은 이해하지만 가급적이면 같은 건물에 거주하는 사람들에게 악기 소리로 인한 피해가 가지 않도록 연습을 집이 아닌 다른 공간에서 하는 등의 방법이 필요하다고 생각합니다.

[재판장] 그럼 증인신문을 하겠습니다.

(주민등록증 등을 교부받아 동일성 확인 절차를 거친다.)

증인, 나오셔서 선서를 하십시오.

[증 인] 선서, 본인은 본 법정에서 진실만을 말할 것을 선서합니다.

[재판장] 이 법정에서 거짓말을 하면 위증죄로 처벌받을 수 있습니다. 사실 그대로 말하십시요.

[증 인] 알겠습니다.

[재판장] 먼저 증인을 신청한 원고부터 증인신문을 하세요.

[원 고] 증인은 현재 ○○빌 5층에 거주하고 있는 것으로 알고 있는데 맞습니까?

[증 인] 네, 맞습니다.

[원 고] 올해 1월부터 거의 매일같이 악기 소리가 들리는데 5층까지도 들렸나요?

[증 인] 네, 5층에서도 잘 들렸습니다.

[원 고] 증인은 악기소리로 인해 생활면에서 불편한 점은 없었습니까?

[증 인] 조용히 지내고 있는데 갑자기 아래쪽에서 시끄럽게 악기소리가 들려오고 하면 하던 일에 집중하기가 어렵고 짜증이 좀 나기도 하고 그럴 때가 있습니다.

[원 고] 이상입니다.

[재판장] 그럼 피고는 반대신문을 하세요.

[피 고] 저는 2층이고 증인은 5층인데도 저의 악기 소리가 5층까지도 들려지나요?

[증 인] 네, 정말 크게 들립니다. 아마도 건물 구조상으로 그렇게 된 것 같습니다.

[피 고] 악기소리가 크게 들리게 되긴 했어도 그렇게 오랫동안 소리를 낸 것도 아니었을텐데, 생활면에서 그렇게 큰 불편함은 없지 않나요?

[증 인] 그렇게 생각할 수도 있지만, 원룸에 거주하는 대부분이 학생들이다보니 공부하거나 과제 등을 하는 경우가 많을텐데, 그런 부분에서 악기 소리가 들려오면 시끄럽고 하니 집중하고 하는데 어려움이 있다고 생각됩니다.

[재판장] 원고와 피고는 증인에게 더 물어볼 것 있습니까?

[원 고] 없습니다.

[피 고] 없습니다.

[재판장] 당사자들이 더 신문할 사항이 없으면 증인신문을 마치도록 하겠습니다. 증인 수고하셨습니다. 돌아가도 좋습니다.

[재판장] 건물의 2층의 원룸에서 나는 악기 소리로 인해 동일 건물 내의 3층과 5층에 사는 거주자들의 생활면에 불편함이 있는 본 층간소음 사건에서 원고, 피고는 이 사건에 대해서 더 얘기하고 싶은 것이 있으면 말씀하세요.

[피 고] 재판장님, 저의 악기 소음으로 인해 다른 거주자들에게 피해를 주게 된 것은 거듭 죄송하게 생각합니다. 그렇지만 추운 날씨에 밖에서 연습할 수도 없고, 또 제가 장애가 있어서 첼로의 소리가 그만큼 크게 퍼져나간다고 인지하지 못한 부분도 있기 때문에 이런 부분들을 고려하셔서 재판부에서 현명한 판단을 내려주시기 바랍니다.

[원 고] 재판장님, 피고의 딱한 사정은 저도 이해하지만, 증인신문에서처럼 학교 근처의 원룸인만큼 학생들이 많기 때문에 그런 학생들의 학업에 대한 집중에 피해가 되는 요소라고 생각됩니다. 꼭 밖이 아니더라도 학교 내의 동아리방이나 여타 다른 곳을 구할 수 있을 거라고 생각되기에 건물 원룸 내에서는 악기 연습을 자제해줬으면 합니다.

[재판장] 네, 그럼 이것으로 사건 변론을 종결하겠습니다. 변론종결 후에는 판결을 선고하는 것이 원칙이지만, 원고와 피고의 사정을 볼 때

이 사건은 조정의 여지가 있는 것 같습니다. 지금 이 자리에서 서로 이야기를 나누고 조정을 해보는 것은 어떤가요?

[원 고] 네, 저는 좋습니다.

[피 고] 저도 좋습니다.

[재판장] 네, 그럼 이 자리에서 바로 조정을 진행하겠습니다. 원고는 층간소음으로 인한 악기 연습을 자제해줄 것을 희망하고 있고, 원고뿐만 아니라 대부분 학생들이 거주하는 원룸인만큼 다른 거주자들에게도 같은 문제로 인한 피해를 줄 우려가 충분히 있다고 인지됩니다. 하지만 한편으로는 피고에게 청각장애가 있어서 악기의 소리가 그만큼 크게 퍼져나가는 것을 인지하기 어려운 상황이 있었고, 또한 피고에게도 악기 연습이 개인적으로 가장 행복한 순간이라고 할 만큼 행복을 추구할 권리가 인정됩니다. 그래서 지금 당장부터 악기 연주를 자제하기보다는 한 달 등의 일정기간을 정해두고 그 기간동안 피고가 악기 연습을 할 다른 공간을 찾도록 하고, 그 일정기간동안만 최대한 다른 거주자들을 배려하면서 원룸에서 악기 연습을 하도록 하는 게 어떨까요?

[원 고] 네, 저는 좋습니다.

[피 고] 네, 저도 좋습니다.

[재판장] 그럼 원고 피해자 씨와 피고 세입자 씨의 층간소음 사건은 조정성립으로 종결되었음을 알려드립니다. 두 분 모두 돌아가셔도 좋습니다. 수고하셨습니다.

＊최종 조정조항

1. 피고는 조정성립이 된 날로부터 한 달 동안 건물 외의 공간에서 악기를 연습할 수 있는 공간을 찾아보도록 한다.
2. 원고는 피고가 한 달의 기간동안 다른 연습할 공간을 구할 때까지만 건물 원룸 내에서 악기 연습으로 인한 소음을 배려하도록 한다.

찾아보기

저자 약력

■ 정극원

대구대학교 법학과 졸업
독일 콘스탄츠대학교 법학박사
사법시험 및 변호사시험 출제위원
한국헌법학회 회장
경상북도 선거방송토론위원회 위원장
대구대학교 법과대학 교수

■ 김갑석

대구대학교 법과대학 졸업
대구대학교 대학원 법학석사
대구대학교 대학원 법학박사
법무부 LAW EDUCATOR
한국헌법학회 총무간사
유럽헌법학회 정보간사
대구대학교 법과대학 강사

쉬운 법 편한 생활

2016년 3월 5일 초판 인쇄
2017년 3월 10일 초판 2쇄 발행

저 자 정 극 원 · 김 갑 석
발행인 배 효 선
발행처 도서출판 法 文 社
주 소 10881 경기도 파주시 회동길 37-29
등 록 1957년 12월 12일/제2-76호(윤)
전 화 (031)955-6500~6 FAX (031)955-6525
E-mail (영업) bms@bobmunsa.co.kr
(편집) edit66@bobmunsa.co.kr
홈페이지 http://www.bobmunsa.co.kr
조 판 법 문 사 전 산 실

정가 17,000원 ISBN 978-89-18-09037-5